# Radwandern im Münsterland

## Pättkesführer

von Theo Breider

Mit amtlicher Tourenkarte
im Maßstab 1:50 000



Aschendorff Münster

131. bis 155. Tausend
Neubearbeitete und erweiterte Auflage

Bearbeitung und Redaktion: Elmar Koch

Fotos: G. Becker, Dortmund (1); Th. Breider, Münster (7); Dr. R. Cape, Münster (5); E. Koch, Münster (1); Kreisbildstelle Tecklenburg (1); Landesbildstelle Westfalen (1); R. Schmidt, Münster (1); B. Schölling, Nottuln (1); H.-J. Weigt, Ostbevern (1)
Luftbild S. 53 von Dieter Rensing, Münster

Zeichnungen: Paul Hildebrand, Münster (S. 18); Tons Vormann, Münster (S. 23, 26, 59) und G. Wentker-im Sande, Münster



Gesamtherstellung: Druckhaus Aschendorff, Münster, 1991

ISBN 3-402-06022-1

# Vorwort

Mit diesem Pättkesführer – seit 1958 nun schon im 155. Tausend – können wir allen Radwanderfreunden den neuesten Kartengrundlagenstand mit vielen sachlichen und optischen Änderungen in einer wieder verbesserten und erweiterten Auflage bieten, deren Zusammenstellung allerdings ihre Zeit brauchte.
Unser Pättkesführer half mit, Neuland zu erschließen und alte und neue Wege in Stadt und Land zu einem Wandernetz von vielen 100 Kilometern zusammenzufügen, das zu Naturschönheiten ebenso führt wie zu Kunst- und Baudenkmälern.
Pättkes, die vielen kleinen Pfade abseits der großen Straßen, haben das Münsterland zum „Pättkesland“ gemacht. Es gibt sie noch reichlich, wenn auch viele zu befestigten Wegen ausgebaut worden sind – was aber nicht immer nachteilig zu sein braucht.
Unsere Hinweise und Tourenangebote sollen auch anregen zum aufmerksamen Beobachten, zum Entdecken. Zunächst ärgerlich erscheinende unverhoffte Umwege können so oft durch selbstentdeckte Überraschungen belohnt werden.
Für das Radwandern allgemein und im besonderen in der herrlichen Parklandschaft des Münsterlandes, das heute von den Kreisen, Städten und Gemeinden in hohem Maß gefördert wird, hat schon früh und wirkungsvoll der 1939 gegründete Presse-Pättkes-Klub Münster (PPKM) mit dem Unterzeichneten als Generalsekretär geworben. Über die vom PPKM im Lauf der Jahre initiierten „Pressefahrten auf Fahrrädern“ – mit über 100 Rundfunk- und Fernsehjournalisten aus 11 Ländern – wurde in hochqualifizierten Beiträgen und millionenfacher Auflage berichtet, sicher auch ein guter Beitrag zu den aktuellen Bestrebungen, die Völker Europas näher zusammenzuführen. Der PPKM legte auch die Keimzelle zur mittlerweile so vielgefragten Einrichtung „Fahrrad am Bahnhof“, als er 1965 begann, im Bereich und mit Zustimmung der damaligen Bundesbahndirektion Münster – ausgehend vom Hbf. Münster – den Fahrradverleih auf seine Kosten anzubieten.
Das Radwandern erfreut sich unter den Aspekten Gesundheit und Freizeit immer größerer Beliebtheit. Als Beitrag dazu möge auch dieser Pättkesführer wieder den Weg finden zu jung und alt und dem Kreis der Radwanderer nützliche Anregungen geben und ihm neue Freunde gewinnen helfen.

Theo Breider

## Hallo, liebe Wanderfreunde!

Bitte bedenken und beherzigen Sie:

**1.** Pättkes sind keine Autobahnen und keine Rennstrecken.

**2.** Pättkesfahren heißt, mit dem Fahrrad in aller Beschaulichkeit abseits der großen Straßen durch die Gegend radeln. Das erfordert – neben einem betriebs- und verkehrssicheren Fahrrad – Freude am Erleben der schönen Natur.
Dafür braucht man Augen, die sehen und betrachten können, und ein Herz, das aufnahmebereit ist.

**3.** Pättkesfahrer fahren möglichst zu zweit oder im Verband mit 10 m Abstand. Bis zu 10 Personen bilden jeweils eine Gruppe; die einzelnen Gruppen halten 30–50 m Abstand.

**4.** Pättkesfahrer und Wanderer lärmen unterwegs nicht, vergrämen kein Wild und verschmutzen nicht die Landschaft. Sie sind Schützer und Beschützer der Natur. Sie achten das Eigentum anderer.

**5.** Zu den Reizen und Vorzügen einer Wanderung im Münsterland gehört auch, daß Pättkesfahrer mit den Pättkes taktvoll den Weg zu seinen Bewohnern suchen; sie sind für jedes Entgegenkommen aufgeschlossen.

**6.** Pättkesfahrer setzen sich dafür ein und fordern mit Gleichgesinnten, daß die Pättkes des Münsterlandes dem Fußgänger und Radfahrer vorbehalten bleiben und nicht von motorisierten Fahrzeugen – auch nicht von Mofas – befahren werden. Nur so können Pättkes ihrer Aufgabe dienen, Ruhe und Erholung zu schenken und die Heimat erschließen zu helfen.

**7.** Dieser Pättkesführer wurde in erster Linie für Radwanderer erarbeitet und geschrieben, ist aber dem Wanderer zu Fuß ebenso herzlich zugedacht. Auch dem Autowanderer kann er nützen, der aber bitte sein Fahrzeug so abstellen möge, daß es andere nicht stört.

**8.** Der Begründer dieses Pättkesführers ist allen Helfern in Stadt und Land dankbar für Anregungen und praktische Mitarbeit; so vor allem Herrn E. Koch im Verlag Aschendorff, dem Landesamt für Agrarordnung und dem Amt für Agrarordnung in Münster, dem Landschaftsverband Westfalen-Lippe (Straßenbauverwaltung), dem Landesvermessungsamt NW in Bonn, dem Vermessungs- und Katasteramt sowie dem Tiefbauamt der Stadt Münster und den Dienststellen der Oberkreisdirektoren und Stadtverwaltungen in Borken, Coesfeld, Recklinghausen, Steinfurt und Warendorf. Der Münsterland Touristik „Grünes Band" in Steinfurt danken wir für ihre freundliche Unterstützung bei der Aufnahme der 100-Schlösser-Route.
So, wie durch Initiativen des Verfassers und des Verlages manche Wege teils günstiger gelegt, teils wieder befahrbar hergerichtet wurden, kann auf die aufmerksame und weiter aktiv bleibende Mitarbeit der vorgenannten und weiterer Helfer nicht verzichtet werden. Dies wird auch in der Folge dem so beliebt gewordenen Pättkesführer seine Freunde sichern und all denen vielfältigen Gewinn bringen, die sich ihm anvertrauen.
Wer die Freuden eines schönen Naturerlebnisses mit heimbringt, weiß, was der Verfasser sich von Anfang an wünschte, als er diese Wege und Angaben für seine Wanderfreunde aufzuzeichnen begann. Und nun gute Fahrt und ein herzliches „Tret' de Pedale und sei froh!"

Th. B.

# Inhaltsübersicht



---

Rolf Kalkkuhl, Präsident des Landesamtes für Agrarordnung in Münster, weist auf folgendes hin:

Zahlreiche Pättkes im Münsterland sind als Wege für den landwirtschaftlichen Verkehr in Flurbereinigungsverfahren angelegt worden. Eingesäumt von Hecken und Bäumen bieten sie besonders dem Städter die Möglichkeit, die vielgestaltige Parklandschaft des Münsterlandes kennenzulernen, Natur „hautnah" zu erleben und sich zu erholen. Ihre Kinder erfahren dadurch wieder etwas über das ländliche Leben, über Tiere und Pflanzen und über die Bedeutung der Jahreszeiten für die Landwirtschaft.

Nicht versäumen sollte der Wanderer, die am Wege liegenden Dörfer zu besuchen. Fachwerkbauten, Dorfplätze, uralte Bäume und Gaststätten laden ein. Das Dorf ist für den ländlichen Raum wichtig. Deshalb unterstützt das Landesamt die Dörfer seit langem mit Rat und Tat.

Die im Pättkesführer dargestellten Wegeführungen können sich in den laufenden Flurbereinigungsverfahren ändern und damit nicht mehr mit der Beschreibung übereinstimmen. Dafür wird um Verständnis gebeten. Die einheimische Bevölkerung wird dem ratsuchenden Wanderer gern Auskunft geben. Dies ist auch eine Gelegenheit, mit den Menschen ins Gespräch zu kommen; nicht nur das Land, sondern auch seine Leute kennenzulernen.

# Übersicht über die Tourenangebote

Die km-Angabe zur jeweiligen Tour gilt grundsätzlich für die Entfernung zwischen dem angegebenen Ausgangs- und Endpunkt. Mehrere km-Angaben weisen auf alternative Fahrmöglichkeiten hin. Für den Radwanderer wird es auch reizvoll sein, sich eigene Routen aus Teilstücken unserer Tourenangebote zusammenzustellen.

# Abkürzungen

| | |
|---|---|
| AB | = Autobahn |
| AU | = Autobahnunterführung |
| AÜ | = Autobahnüberführung |
| B | = Bushaltestelle |
| Bf. | = Bahnhof |
| Bsch. | = Bauerschaft |
| E | = Eisenbahnhaltepunkt; Einwohner |
| EU | = Eisenbahnunterführung |
| EÜ | = Eisenbahnüberführung |
| G | = Gaststätte |
| H | = Hotel |
| Hf./Hfe. | = Hof/Höfe |
| Hs. | = Haus |
| I.d.N. | = In der Nähe |
| Ki. | = Kirche |
| KW | = Kaffeewirtschaft |
| l. | = links |
| Ldstr. | = Landstraße |
| ND | = Naturdenkmal |
| NSG | = Naturschutzgebiet |
| O | = Orientierung |
| r. | = rechts |
| R | = Restaurant |
| Ri. | = Richtung |
| rü. | = Rückwärtsrichtung |
| Sch. | = Schild |
| WB | = Wasserburg/-schloß |
| Wdstr. | = Wanderstrecke |
| WH | = Wirtshaus |

Allgemeiner Deutscher Fahrrad-Club (siehe Seite 126)

Als nützliche Ergänzung zu unserem Pättkesführer weisen wir auf kostenlos erhältliche Broschüren hin, die der ADFC für Radfahrer erarbeitet hat – so u. a.:

- Fahr Rad – aber richtig
- Sicher auf dem Fahrrad
- Radfahrerschutzhelme
- Kinderfahrrad
- Unfall – was ist zu tun?
- Tips für die Radtour
- Vereint Radfahren – Tips für Behinderte und Nichtbehinderte

# Tourenangebote

**1. Münster - Warendorfer Str. - Handorf - Münster** [13 km]

Landeshaus - Warendorfer Str. - Danziger Freiheit - hinter der Kanalbrücke l. auf der Str. Wilhelmshavenufer bis Coppenrathsweg - auf diesem zur Dyckburgstr. - vor dem Bahndamm l. - dann r. durch die zweite EU - über die Str. hinweg durch das Boniburgwäldchen - parallel zur Boniburgallee bis zur Sudmühlenstr. und dort r. über die Werse nach **Handorf** (B/E). Zurück über KW Pröbsting. Nach Verlassen des Hofes r. auf die Pröbstingstr. einbiegen und mit dem zweiten Weg r. an der Werse entlang zur Warendorfer Str. (gegenüber KW Nobiskrug) - r. über die Brücke hinweg, bis nach ca. 300 m das Hinweisschild „Pleistermühle" zum Einbiegen nach l. auffordert. - Nach 300 m am Bildstock r. einbiegen - an den 3 Hfn. entlang - unter der EU her - Prozessionsweg - KW Tannenhof, hier l. Mondstr. - nach 500 m r. am Waldrand über die Umgehungsstr. - KW Maikotten - Dortmund-Ems-Kanal - Mauritzkirche (Münster).

**2. Münster - Bohlweg - Handorf - Münster** [13 km]

Landeshaus - Piusallee - Bohlweg - vor der EU l. einbiegen in den Beldensnyderweg - Rad-/Fußweg zur Ampelanlage - Niedersachsenring queren - auf dem Radweg r. und nach der ersten EU l. auf dem Schleusenweg der Bahnlinie entlang bis Schiffahrter Damm - vor der Straßenbrücke l. den Fahrradweg hinauf - auf der Brücke über die Bahn und gleich die nächste Abfahrt r. wieder herunter - unten auf der Str. r. unter der Brücke weiter - über die Schleuse, an deren Ende r. in die Dingstiege und mit ihr gleich wieder l. - (durch das uns l. begleitende Wäldchen führt ein schöner Patt) - durch die EU - über die Dyckburgstr. hinweg - durch das Boniburgwäldchen - am Vorsehungskloster vorbei - und wie unter Nr. 1 nach **Handorf** und zurück nach Münster.

**3. Münster - alter Bf. Handorf - Pleistermühle - Münster** [14 km]

Mauritz-Kirchplatz - Prozessionsweg - vor Kanalbrücke r. Alerdinckstr. - dann l. mit der Str. zum Guten Hirten über die Brücke -

Die münsterländische Natur – beschaulich, heiter und lieblich . . .

. . . aber auch knorrig und voll wunderlicher Fantasie

dahinter l. den baumgesäumten Patt bis KW Maikotten, r. über die Brücke Umgehungsstr. – Mondstr. – hier l. bis Prozessionsweg – r. ab bis Pleistermühlenweg. Hier l. – über die Bahn und die Warendorfer Str. – r. weiter auf dem Radweg – nach ca. 1 km vor dem alten Bf. Handorf r. über die Bahn – Str. Alter Mühlenweg – nach 2 km vor Hs. Vehoff (l.) r. in die Str. Pleistertimpen – über die Wersebrükke WH Pleistermühle – dann l. Pleistermühlenweg – Mondstr. und Umgehungsstr. queren – Str. zum Guten Hirten – und über die Kanalbrücke – Mauritz-Lindenweg – zurück zum Mauritz-Kirchplatz und weiter in die Innenstadt.

### 4. Münster – Mariendorf – Handorf – Münster [12–14 km]

Piusallee – Bohlweg – vor der EU l. einbiegen in den Beldensnyderweg – Rad-/Fußweg zur Ampelanlage – Niedersachsenring queren – halblinks Schleswiger Str. bis Holsteiner Str. – mit dieser r. über die Bahn – Mecklenburger Str. – dann l. Str. Hoppengarten. Ca. 1 km bis Markweg, dort r. – über den Edelbach – bis zum Schiffahrter Damm. Hier – vor der Straßenbrücke – l. und nach 800 m r. über die Kanalbrücke und dahinter r. in die Mariendorfer Str. – durch den Ortsteil **Mariendorf** – über die Bahn zur Dyckburgstr. Hier r. und nach 200 l. über die Dyckburg (erbaut von Johann Conrad Schlaun um 1750) nach l. – Boniburgallee – ins schöne Kaffeedorf **Handorf** (B). Von dort zurück nach Münster wie unter Nr. 1 oder 2.

### 5. Münster – Hoher Heckenweg – Mariendorf – Handorf – Münster [14–16 km]

Piusallee – Niedersachsenring queren – Hoher Heckenweg – r. durch die EU – weiter auf dem **Hohen Heckenweg** bis zum Kasernenkomplex. Hier r. in den Weg Edelbach einbiegen und diesem im Links-/Rechtsdreh folgen – über den Edelbach – bis zum Schiffahrter Damm. Hier l. über die Kanalbrücke und r. in die Mariendorfer Str. Mit dieser in **Mariendorf** über die Bahn bis zur Dyckburgstr. Hier l., und nach 200 m r. den Waldweg durch den Boniburger Forst, der beim Försterhaus auf den von der nahegelegenen Dyckburg kommenden Wanderweg einmündet, und dann weiter nach Handorf.
Von **Handorf** zurück nach Münster wie unter Nr. 1 oder 2.

**6. Münster – Hugerlandshof – Münster** [10–12 km]

Mauritz-Kirchplatz – Str. zum Guten Hirten – Kanalbrücke und Brücke Umgehungsstr. – über die Mondstraße hinweg in den Pleistermühlenweg – hinter der EU l. an der Tennishalle vorbei – B 51 queren; KW Weiligmann – danach die übernächste Abzweigung l. in den Hugerlandshofweg und nach 300 m r. nach KW **Hugerlandshof**. Zurück nach Münster in nördl., dann westl. Ri. durch die Felder und den Wald mit dem Wersebeckmannweg bis zur Dyckburgstr. – hier r., nach 200 m l. durch die EU und weiter wie unter Nr. 1 oder 2 rü. nach Münster.

**7. Münster – Stapelskotten – Pleistermühle – Münster** [13 km]

Hohenzollernring – St.-Mauritz-Freiheit – Mauritz-Lindenweg – Manfred-von-Richthofen-Str. – Kanalbrücke – über die Umgehungsstr. hinweg – Laerer Landweg bis Wolbecker Str., dort l. – EU – WH **Stapelskotten** (r.) – schräg gegenüber einbiegen in die Str. Am Mooresch, vorbei an der Reithalle St. Mauritz (r.) – Haus-Kleve-Weg – vor Hs. Kleve (r.) l. – 400 m danach halbl. und nach 300 m r.; hinter dem WCG-Versuchsgut r. einbiegen in den Pleistermühlenweg: nach 500 m KW **Pleistermühle.** Zurück nach Münster wie unter Nr. 3.

**8. Münster – Hs. Havichhorst – Eggert – Haskenau – Gelmer – Münster** [25 km]

Wie unter Nr. 5 bis Dyckburgstr., hier l. – die Sudmühlenstr. queren – vorbei an den Baumschulen Beaufays – Sudmühle. Hinter WH Sudmühlenhof über die Bahn und r. auf der Str. Havichhorster Mühle l. um **Hs. Havichhorst** herum; dahinter den ersten Abzweig, den Waldweg nach r. wählen (x-Zeichen). Im L.-/R.-Dreh – unter der Havichhorster Mühle her – Str. An der Moerd – danach l. mit dem Schlängelpatt zur KW **Eggert**. Nördl. Hofseite, r. am Bildstock vorbei in die Str. Zur Haskenau bis zur **„Haskenau“** (alte germanische Wallburg); dort sich in der Anlage l. halten, im Auf und Ab an der Rohwasserstelle (r.) vorbei, in der Senke l. und dann r. auf einem grasbewachsenen Patt bis zur Ems. (Hinweistafeln auf militärisches Übungsgelände beachten.) Hier l. und dann r. über die feste Brücke in die Bsch. Fuestrup (Hf. Brunsmann). Von hier l. auf die Str. Werseesch – unter dem Schiffahrter Damm her – Str. Alte Schiffahrt, Gittruper Str. und Str. Zur Eckernheide – nach **Gelmer** – weiter Hessenwegbrücke – am Kanal entlang nach Münster.

## 9. Münster – Waldfriedhof Lauheide – Ringemann – Münster

[26–30 km]

Bis Handorf wie unter Nr. 1–4. (Nächster Weg: In Handorf am WH Wersehof in die Dorbaumstr. – an der Immelmannstr. (B) r. bis Lützowstr. – auf dieser l. ca. 1,8 km bis Hf. Ringemann.)

Ab Handorf am südlichen Dorfende l. die Kötterstr. radeln – Panzerstr. queren – weiter geradeaus an der Verwaltungsanlage vorbei – die Lauheider Str. l. bis Waldfriedhof **Lauheide** – hier l. durch Wald und Flur bis Hf. **Ringemann**.

Ab hier in westl. Ri. auf der Str. Verth bis zur Str., die r. zur EÜ führt. Auf dieser l. – und vor dem Kasernengelände an der Lützowstr. im spitzen Winkel r. in das Pättken am Wald einbiegen. Geradeaus durch die Hornheide – am Wasserwerk vorbei – bis zur Bahnlinie – l. und dann r. die Bahn queren – nach 300 m l. in den Rad-/Fußweg (Hersweg) einbiegen – durch den Hohlweg – auf der Str. An der Moerd die Havichhorster Mühle passieren – dahinter l. und nach 70 m r. auf dem Pättken durch den Buchenwald; l. um Hs. Havichhorst herum – r. in die Str. Havichhorster Mühle zum Schiffahrter Damm; hier l. auf dem Radweg oder mit der ersten Möglichkeit nach r. über die Kanalbrücke – l. ab, am Kanal entlang oder weiter nördl. durch den Ortsteil Coerde nach Münster.

## 10. Münster – Handorf – (Telgte) – Waldfriedhof Lauheide – Münster [30 km]

Bis Handorf wie unter Nr. 1–4. Ab hier die Kötterstr. – nach 800 m die Panzerstr. queren – nach 1 km (hinter dem Kasernenkomplex – THW) halbr. immer geradeaus – über die Lauheider Str. hinweg bis – nach 400 m – Querstr. (r. Ri. WH Jägerhaus). Hier am Wegweiser Kiebitzpohl 46–58 l. und nach 700 m nach der 2. Abzweigung am Wegweiser Kiebitzpohl 68–71 r. bis Hf. Böckenholt. (Hier r. zum Prozessionsweg von Münster oder l./r. zur Str. Flaßkamp nach **Telgte** [B/E]).

Ab Hf. Böckenholt l. – O: Hf. Decker; hier nach 200 m l. einbiegen und auf dem Fahrweg nach **Lauheide**. Von hier westlich bis Hf. Ringemann und wie unter Nr. 9 nach Münster.

## 11. Telgte – Pleistermühle – Münster [13 km]

In **Telgte** Str. nach Wolbeck – den ersten Radweg Orkotten hinter der Bahn r. ab – das Rochus-Hospital umradeln – in Str. Woeste – weiter durch die Bsch. Schwienhorst – Feld-/Wiesenweg, dem x-Zeichen der Wdstr. 22 nach (l. Hs. Milte) – Waldweg l. (Wegweiser) – Hf. Farwick l. umradeln – Hs. Vehoff und weiter geradeaus wie unter Nr. 3 über **Pleistermühle** nach Münster.

## 12. Münster – Hs. Langen – Münster [26 km]

Bis Waldfriedhof Lauheide wie unter Nr. 9 und 10. Am Waldfriedhof Lauheide in Ri. Telgte, nach ca. 700 m am Friedhof entlang, l. bis zum Anschluß an Nr. 18 von Telgte – O: Hf. Wilhelmer – über die Emsbrükke – drüben weiter durch Sandwege und über Pättkes (den Hauptweg halten!) nach **Hs. Langen**. Hier l. über das Mühlenwehr, nach r. durch den Wirtschaftsweg, 600 m in nordwestl. Ri., beim Hf. Beermann l. zurück in die Ems-Niederung. Nach 1 km r. in den Wald einbiegen und mit dem Weg zum Anglerheim in der Emsschlaufe. Diese in Weiterfahrt nach l. umradeln und dann über die Brücke mit Rechtsdreh bis Hf. Ringemann. Von hier wie unter Nr. 9 nach Münster.

### 13. Münster - Hs. Langen - Westbevern-Brock - Schiffahrt - Münster [38–40 km]

Bis **Hs. Langen** wie unter Nr. 12 und weiter bis Hf. Beermann. Hier geradeaus und in nördl. Ri. zur Verkehrsstr. Westbevern–Greven (Bf. 1 km l.) - 300 m nach Überqueren der Str. halbr. ab - nach 1,2 km halbl. EÜ - Ri. etwa 2,2 km anhalten - vorbei an Hf. Holthaus - bis zur Ldstr. Westbevern-Brock. Auf dieser Ri. weiter beibehalten. Nach 1,3 km interessante Siedlung **Westbevern-Brock** (B) (zum Bf. Ostbevern 3 km). Rückfahrt nach Münster:
Entweder über den kürzeren alten Münsterweg, den man 600 m südl. nach dem Abzw. zum Hf. Gerbert erreicht. Dann r. durch die Brueskenheide - O: Hfe. Sommer, Boes und Strickerbäumer (hier führt r. ab nach 600 m ein Weg ins NSG Gertrudensee) - weiter, die Ldstr. Westbevern–Greven queren - O: Hf. Becker - in die Bsch. Fuestrup;
oder: vorbei an den Hfn. Gerbert, Pumpmeier, Rößmann, Topphoffs Mühle, vor der Ki. l. ab und an den Hfn. Holtmann und Beimann vorbei in die Bsch. Fuestrup.
In **Fuestrup** bei Hf. Brunsmann im R.-/L.-Dreh weiter in nordwestl. Ri. über die **Schiffahrt** (B) wie unter Nr. 8 nach Münster.

### 14. Münster - Coerheide - Dortmund-Ems-Kanal - (Gimbte) - Bockholter/Guntruper Berge - Westbevern - Klatenberge - Telgte - Münster [45 km]

Hörstertor – Goldstr. – Niedersachsenring – Piusallee bis Hoher Heckenweg – vor der Bahn l. das Pättken befahren – der Bahn entlang – nach 1,5 km in Höhe des Landwirtsch. Institutszentrums (früher Hs. Nevinghoff) r. über die Gleise – Weg nach l. anhalten – Kiesekampweg – über die Königsberger Str. hinweg – Str. Coerheide – Coerder Liekweg queren und weiter geradeaus durch den Wald – Ri. Kläranlage (Rieselfelder). Weiter in das NSG Gelmer (Huronensee, Blauer See, Schwalbensee) bis Hessenwegbrücke – diesseits am Kanal entlang auf dem Leinpfad radeln bis zur Gittruper Brücke; hier auf der Gittruper Str. l. durch die Bsch. Gittrup; r.

am WH-Hinweis „Landhaus“ einbiegen, über die Ems – l. halten. Ab WH geradeaus weiter mit Rechtsdreh (O: Hf. Wilp) bis Lönsstein. (Ab hier l. breiter Fahrweg nach Gimbte, 1 km.) Am Lönsstein geradeaus weiter führt die 14 über den Gellenbach – im R.-Dreh durch die Guntruper Berge zur L 587, unterhalb von WH Wauligmann. Die Str. queren; nach 500 m r. und weiter geradeaus bis zum **Dortmund-Ems-Kanal**; über die Kanalbrücke – an Topphoffs Mühle vorbei. R. weiter – nach ca. 1 km entweder geradeaus auf einem holprigen Wald-/Wiesenweg bis zur festen Str. oder l. im Wald hoch und über einen Steinsteg an Hf. Stegemann vorbei zum St.-Josef-Kapellchen, hier r. – O: Hf. Kötters – und 3 km in südl. Ri. – hinter Hf. Hugenroth l. halten – über die Bahn dann dem Rad-/Fußweg vor Hf. Nr. 14 l. folgen und mit den Str. Böckenkamp/Mühlenkamp hinunter zur Grevener Str., hier l. und gleich r. auf den Rad-/Fußweg über die Bever – Str. An der Bever/Im Lütken Esch – nach **Westbevern**. Von hier Ldstr. nach Telgte bis Höhe Tankstelle; hier l. die harte Str. am Friedhof – am Hf. Lütke-Westhues (Military-Olympiasieger 1956) entlang – danach scharf r. Weg Überwasser – durch Feld und Wiese in die **Klatenberge** – WH Waldhütte – nach **Telgte** (E/B); weiter wie unter Nr. 11 nach Münster.

## 15. Münster – Schiffahrt – Westbevern-Brock – Kattmanns Kamp – Ostbevern – Kloster Vinnenberg – Telgte – Münster [68 km]

Wie unter Nr. 5 bis Kasernenkomplex. Hier r. Str. Edelbach; vor dem Kasernentor weiter geradeaus – l. auf der Str. Samlandufer – vorbei am Hf. Große Kleimann – am Kanal entlang bis zur Brücke – r. über den Kanal – nach 200 m l. Str. An der Kleimannbrücke – nach 500 m r. auf dem Heitmannsweg zum Schiffahrter Damm – hier l. – am Hf. Stadtbäumer vorbei – dann wieder l. dem Hessenweg nach bis Hessenwegbrücke – vor der Brücke r. ab – hier r. Str. Zur Eckernheide bis Gittruper Str. – hier l. am WH Gährs und an der Ki. vorbei, dann r. in Str. Gelmerheide/Alte Schiffahrt einbiegen und nach 300 m unter dem **Schiffahrter Damm** her – über die Ems bis Beckers Kreuz – an Hfn. Brunsmann (r.) und Becker vorbei – die Ldstr. Westbevern–Greven queren und geradeaus auf dem alten Münsterweg bis nach etwa 5 km zur Ldstr. Westbevern–Ladber-

gen. Hier l. in die Bsch. **Westbevern-Brock** (WH Wemmer; hier Informationen auch über Abstecher in Kattmannskamp.) In **Kattmannskamp:** Ab Hf. Baumkötter weiter im Rechtsdreh – O: Hfe. Fiege und Kiesekamp – und danach im Linksdreh zum Bf. **Ostbevern-Brock.** Weiter hinter der Molkerei l. einbiegen – durch das Schlichtenfeld – O: Hfe. Bäumer, Bäumer-Benter und Scharsewinkel. Hier in östl. Ri. weiter, die Ldstr. queren zur WB Hs. Loburg. (Im Park von Schloß Loburg darf nicht geradelt werden!) Vor Schloß Loburg l. zum Neubau Gymnasium Johanneum; am Chor der Kapelle r. in den Park. Vom Park aus in östl. Ri. – nach 500 m r., am Wald entlang zur B 51 (l. WH). Auf dieser r. und gleich den ersten Weg l. in den Wald. Im Wald den vierten Weg nach l. nehmen, der auf die ehem. Schirler Schule zuführt. Auf der Str. davor l. und dann r. weiter – an Hfn. Krieg und Kemner vorbei – hinter Hf. Schroer r. und ab Hf. Rengering im Halblinksdreh 5 km durch die Bsch. Beverstrang nach Kloster **Vinnenberg.** Ab Kloster Vinnenberg zurück in die Bsch. Beverstrang – nach 2 km vor der Schule l. – am Hf. Schulze Heuling vorbei – nach 1 km scharf r. und in nordwestl. Ri. durch die Hörster Mark; nach 2,5 km die Landstr. queren – nach weiteren 3,5 km im Linksdreh am schönen doppelten Marienbildstock vor Hf. Grawinkel vorbei – nach 300 m r. und auf der harten Str. 3 km durch die Stille der Harkampsheide (Ri. geradeaus auch in der scharfen Linkskurve wahren) – Krankenhaus Maria Frieden – hier weiter geradeaus – über die Umgehungsstr. – den Milter Weg und über die 3 Emsbrücken nach **Telgte**/Stadtmitte.
Von hier wie unter Nr. 10 oder 11 nach Münster.

### 16. Ostbevern – Hs. Loburg – Westbevern – Hs. Langen – Münster [36 km]

Ostbevern/Mitte (Ki.) – Hauptstr. bis Engelstr. – hier l. (Ri. Ladbergen) bis Lienener Damm (mit Ri.-Sch. Hs. Loburg) – diesem r. folgen. An der Kreuzung Wischhausstr. erhält man Anschluß an die Tour Nr. 15 und kann bald r. abbiegen nach Hs. Loburg. Von hier weiter mit der Nr. 15 bis Hf. Rengering. Hier r. – O: Hf. Riestenpadt – etwa 3 km durch die Schirlheide (Abstecher nach l. und r. zu empfehlen); über den Frankenbach – dann r. zur B 51. Auf dieser r. und gleich wieder l. in den harten Weg Überwasser – vorbei am Hf.

Lütke-Westhues – nach **Westbevern.** Auf der Str. nach Telgte (l.) r. und gleich wieder l. in die Str. Im Lütken Esch (r. Ki.) mit Ri.-Sch. Hs. Langen. Im Wald beim Wegkreuz, und bei der großen Eiche mit der Erläuterungstafel „Westfälischer-Frieden-Weg 1648" l. nach **Hs. Langen.** Von hier weiter mit der Tour Nr. 12/9 nach Münster.

**17. Ostbevern – Kroner Heide – Greven – Münster** [39 km]

Ostbevern/Mitte (Ki.) – bei der Ki. in die Bahnhofstr., die übergeht in den Grevener Damm. Von Ostbevern verläuft dieser alte Richtweg 17 km lang in ziemlich gerader Ri. und führt durch Laub- und Mischwald, Kiefern- und Heidegebiete; O: Hfe. Pumpmeier und Brockötter. Von hier 2,3 km – vorbei am Paddestoel R 3 – zum Dortmund-Ems-Kanal – diesen überqueren und 2 km durch die schöne **Kroner Heide** in westl. Ri. über die AÜ (A 1) bis kurz vor Ldstr. Ladbergen–Greven. Hier scharf l.; durch die Bsch. Maestrup erreicht man am Stadion die Hauptstr. in **Greven** (E/B); von hier wie unter Nr. 54 nach Münster.

**18. Münster – Telgte – Hs. Langen – Westbevern – Bockholter Berge – Gimbte – Münster** [43 km]

Bis **Telgte** wie unter Nr. 10. An der Marienlinde am Stadteingang l. dem x-Zeichen der Wdstr. 15 nach – über **Hs. Langen** (s. auch Nr. 12); ab Hs. Langen wie unter Nr. 13 – jenseits der Str. Westbevern–Greven die Bahngleise queren – Str. Wiewelhook und Voßhaar – weiter durch die Brueskenheide – l. über holprigen Wiesen-/Waldweg – später dann festen Weg an Topphoffs Mühle vorbei – über den Kanal in südwestl. Ri. zur Ldstr. Greven–Münster; von hier auf dem Postdamm durch das NSG **Bockholter Berge** – r. über die Ems auf den Kirchturm von **Gimbte** zu. In Gimbte über die Dorfstr. und auf der Str. nach Sprakel mit der Nr. 22 nach Münster.

**19. Münster – Coerheide – Kinderhaus – Münster** [15 km]

Niedersachsenring – Hoher Heckenweg – vor dem Bahndamm l. – Weg entlang den Bahngleisen – Bahndamm in Höhe des Landw.

Bei Hs. Langen steht diese gedrungene, jahrhundertealte Eiche. →

Institutszentrums (ehem. Gut Nevinghoff) queren – dann l. auf dem Kiesekampweg über die Kreuzung hinweg in Str. Coerheide – Coerder Liekweg überqueren und weiter geradeaus durch den Wald. Am Ende des Waldes halbr. zu den Schießständen. Von hier 500 m zum NSG Gelmer und l. – um die Zentraldeponie herum – auf Hf. Messing zu (300 m r. WH Heidekrug). L., und von der Str. Coermühle bei Hf. Messing dem Zeichen O des Rundweges folgen – an Hs. Coerde vorbei – nach Überqueren der Aa, Waldweg (Dieckhoffweg) l., am Hf. Schulze Dieckhoff vorbei – durch die Allee auf **Kinderhaus** zu – l. am ehem. Max-Clemens-Kanal entlang – Hs. Bröderich. An der Kreuzung bei Hs. Bröderich 3 Möglichkeiten in die Stadt: a) Geradeaus die Kanalstr. und vor der Bahn r. den Weg über KW Wienburg; b) halbrechts über die Wienburgstr.; c) r. den Bröderichweg hoch, dann l. über die Salzmannstr. zur Innenstadt.

**20. Münster – Coerde – Kinderhaus – Gasselstiege – Münster** [19 km]

Nordplatz – Wienburgstr. bis Str. Nienkamp – hier r. KW Wienburg – über die Kanalstr. hinweg – l. um das Landw. Institutszentrum – dahinter die Bahn queren – dann wie unter Nr. 19 bis **Kinderhaus.** O-Zeichen des Rundweges folgen durch den Torweg des Altersheimes – über den Kinderbach – vor der Waldschule r. in den Wald – erster Weg l. bis zur Str. Nordmark – weiter l. bis zur Str. Heidegrund – r. bis Str. Zum Bergbusch – diese l. bis **Gasselstiege** (Wdstr. x 24) – Gasselstiege l. – vorbei an KW Wilhelmer (r.) (auf der Höhe schöne Rundblicke) – O: Hfe. Schulze Gassel und Gr. Jüdefeld – bis zur Grevener Str./Steinfurter Str. – Münster.

**21. Münster – Horstmarer Landweg – Gasselstiege – Nienberge – Kinderhaus – Münster** [17 km]

Von der Innenstadt zum Schloß (Schloßpark und Botanischer Garten) – Hüfferstr. – am Jungeblodtplatz halbr. in die Domagkstr. (Fahrradweg) – an den Universitätskliniken vorbei durch die U – vorbei an der Mensa und l. auf die Corrensstr. – nach r. den Gievenbecker Weg queren – **Horstmarer Landweg** – hier l. und gleich r. zur Bentelerstr./Wasserweg – diesem etwa 2 km folgen; 50

m vor der scharfen Linkskurve r. und mit der Baumallee zur Steinfurter Str./Ampelanlage. Auf dem gegenüberliegenden Radweg l. – nach 400 m r. – Wasserschloß Wilkinghege (H). Ri. anhalten und im Linksdreh zur **Gasselstiege.** Hier bald auf das schöne Laubenpättken achten, das l. der Str. verläuft! – l. Hf. Schulze Gassel – etwas weiter l. ab, den Vorbergweg – KW Wilhelmer, bis Steinfurter Str. – r. nach **Nienberge.** Vor dem Baumberger Hof (r.) in die Str. Am Baumberger Hof, die einmündet in die Hagelbachstiege; auf dieser durch die AU auf die Str. Heidegrund – weiter r. bis Str. Brüningheide (Nordschleife) – dieser folgen – Westhoffstr. – bis Str. Am Burloh; hier l. – Grevener Str. queren – auf dem Bröderichweg r. in die Salzmannstr. und mit dieser über den Nordplatz zur Stadtmitte.

### 22. Münster – Coerheide – Rieselfelder – Gimbte – Dortmund-Ems-Kanal – Münster [32 km]

Wie unter Nr. 14 bis Coerder Liekweg. Diesem nach l. folgen bis Hf. Messing. Nach r. KW Heidekrug – hier l. in den Messingweg bis Str. An der Schlüppe – diese l. und vor der Bahn r., weiterlaufend durch den Hohlweg am Hf. Schlüppmann vorbei – durch die **Rieselfelder** mit Rechts-/Linksorientierung nach **Gimbte.** Ab hier Str. Alter Fährweg, an der Kirche vorbei – über die Emsbrücke in die Bockholter Berge. Ab Lönsstein r./l. zum zum WH Landhaus. Ab hier r. zur Gittruper Str. – auf dieser l. durch die Bsch. Gittrup und vor dem Kanal r. durch das NSG mit Huronensee und wie unter Nr. 14 rü. durch Coerde nach Münster/Innenstadt.

### 23. Münster – Gimbte – Greven – Hüttruper Heide – Naturfreunde-Haus – Münster [35–43 km]

Bis **Gimbte** wie unter Nr. 22. In der Dorfstr. bei Nr. 39 l – Ri.-Sch. Greven 4 km – einbiegen – AU – Baggersee – zur B 219 und auf dieser r. – WH Schöneflieth – nach **Greven** (Fahrradweg entlang der Str.); hier die Kolpingstr. – am Kolpinghaus vorbei über den Parkplatz bei K & K – 10 m l. und dann wieder r. in die Str. Grüner Weg – dem x-Zeichen der Wdstr. 23 folgen – in die **Hüttruper Heide** – am Eltingmühlenbach r. ab zum Naturfreunde-Haus. Von hier weiter mit Nr. 24/25.

## 24. Münster – Hüttruper Heide – Bockholter Berge – Münster

[52 km]

Bis Naturfreunde-Haus wie unter Nr. 23. Weiter r. – an den Hfn. Lütke-Suntrup (200 m vor der AÜ l. Zufahrt zum Felixsee mit Ferienhaussiedlung) und Hegemann vorbei zur Eltingmühle; diesseits des Kanals bleiben – den alten Postdamm wählen und durch die Kroner Heide ins NSG **Bockholter Berge** mit seinem großen Kiefernbestand. Hier am Lönsstein vorbei wie unter Nr. 18 nach Gimbte und weiter wie unter Nr. 22 rü. nach Münster.

## 25. Münster – Hüttruper Heide – Westbevern-Brock – Münster

[58 km]

Bis Naturfreunde-Haus wie unter Nr. 23. Weiter in Ri. Schule 3 km (am Flughafen Münster–Osnabrück entlang) – geradeaus bis zum Kanal – hier 200 m r., dann den Kanal queren – vor Hf. Schulze Farwick r. – AU – danach in gerader Ri. 1 km – l. ab – an Hf. Kröger vorbei, bis zur K 35, hier r. und die Str. etwa 3,5 km durch das Kattenvenn anhalten bis zur Ldstr. Lengerich–Westbevern. Auf dieser r. in die Bsch. **Westbevern-Brock** (Informationen im WH Wemmer); von hier weiter wie unter Nr. 13 nach Münster.

## 26. Münster – Westbevern-Brock – Lengerich – Tecklenburg – Ladbergen – Münster

[90–100 km]

Bis **Westbevern-Brock** wie unter Nr. 13 und 15. Von Westbevern-Brock (Ki. und Informationsstelle WH Wemmer) – Str. nach Lengerich – nach 1 km über die Eltingmühlenbachbrücke – sofort halbr. –

O: Hf. Baumkötter – geradeaus durch schöne Waldgebiete in Kattmannskamp (Bes. Frh. v. Beverförde). – Nach 1,5 km r./l. – O: Hf. Stockdiek, dann r., nach 1 km WH. Hier l. in das Kattenvenner Moor – nach 1,5 km, 300 m vor der Ldstr. r., nach 600 m r. u. nach 600 m l. – Birkenallee wieder l. zur B 475. Auf dieser 400 m r. und dann am WH Vogelsang l. (hier auch Auskünfte) – bis vor die Bahn – dann l. und wieder l./r. – an der kleinen Wassermühle und am Hf. Worpenberg in der Bsch. Ringel vorbei – weiter am Windmühlenstumpf l. und nach 400 m r. durch die Hohner Mark – immer in nördl. Ri. – nach 3 km Ldstr. queren – durch die Margarethensiedlung – besonders schöne Baumallee – und nach 2 km **Hs. Vortlage.** Hier an der großen Straßenkreuzung mit Vorsicht zur anderen Seite gelangen und über abseitige Wege – an den Sportanlagen vorbei – nach **Lengerich** – Innenstadt. In Lengerich am Bf. der TWE-Eisenbahn l. halten in Ri. Heilanstalt (Abstecher nach Stift Leeden zu empfehlen – Weg ist in der Karte angedeutet); von Lengerich nach **Tecklenburg** über den Kleeberg oder durch die Exterheide (Hfe. Stapenhorst und Stalljohann); – oder von Leeden über Margareten Egge. Ab Tecklenburg O: zum Bf. Tecklenburg der TWE (Teutoburger-Wald-Eisenbahn). Hier l. WB Haus Marck (Bes. Diepenbroick-Grüter; Innenbesichtigung möglich). Weitere O: zur AB – davor im spitzen Winkel nach r. zurück am Hf. Schlatmann vorbei – südl. Ri. 1,3 km, dann l. über die AB, r. am Sonnenhügel entlang – O: Hfe. Kröner und Klinker – Schule – Hfe. Buddenkuhl (r., Feriendorf mit Bad) und Hagen – durch die Bsch. Overbeck, die B 475 queren – nach **Ladbergen** (von Tecklenburg bis hier 13 km). In Ladbergen vor der Ki. r. – unter der AB her und gleich l. (O: Hf. Ferlemann-Kuck) Ri. Dortmund-Ems-Kanal bis Hf. Schulze Farwick – ab dort durch die AU und weiter mit der Nr. 25 durch das Kattenvenn nach Westbevern-Brock. Von hier mit der Nr. 13 oder 15 nach Münster.

**27. Tecklenburg – Saerbeck – Greven – Münster** [45–48 km]

Bf. Tecklenburg – auf der Str. nach Ladbergen – an Hf. Hülshoff vorbei – die Ldstr. Brochterbeck-Lengerich queren. Nach 300 m hinter dem WH r./l. durch die Bsch. Wechte. – O: Hfe. Brockmann und Cyzelsky (Wechter Mark) – r. etwa 4 km bis zum Dortmund-

Ems-Kanal – O: weiter Hf. Mersmann – nach **Saerbeck** (Tecklenburg – Saerbeck 16 km). In Saerbeck Ldstr. nach Münster. Nach 500 m in B 475 l. einbiegen; nach 2 km r. und nach ca. 1,5 km über den Mühlenbach (O: Hf. Lütke-Drieling) – dann nach 500 m im R.-Dreh über den Eltingmühlenbach und Ri. 4 km anhalten mit der Nr. 23 nach **Greven** (Saerbeck – Greven 11 km). Von Greven mit der Nr. 23/24 oder 54 nach Münster (Greven–Münster 13 km).

## 28. Münster - Gimbte - Sprakel - Max-Clemens-Kanal - Münster [32 km]

Bis Gimbte wie unter Nr. 22. In Gimbte Dorfstr. – l. in die Überwasserstr. – auf dieser 2,5 km durch naturfrohe Bauernlandschaft – AU – Str. Aldruper Oberesch bis B 219 (O: Hf. Frede); diese queren – über die Münstersche-Aa-Brücke hinweg bis WH, hier l. und bald wieder r. über die Bahn, durch die Aldruper Mark am Hf. Wiethölter vorbei auf der Str. Wiethölterdamm zum ehem. **Max-Clemens-Kanal.** Diesen l. am WH Renfert („Hölt'ne Schluse") vorbei – geradeaus über Kinderhaus nach Münster.

## 29. Münster - Gimbte - Sprakel - Max-Clemens-Kanal - Gasselstiege - Münster [32 km]

Bis vor Gimbte wie unter Nr. 22. Links Gimbter Str. nach **Sprakel** – hinter dem Eisenbahnübergang r. in die Nienberger Str. – an den Baumschulen Hanses-Koering vorbei – AU – nächste Abzw. l. in die Str. An der Antoniuskapelle – nächste dann r. und auf der Str. Höltene Schluse zum ehem. **Max-Clemens-Kanal.** Hier l. (WH Renfert) und nach 500 m r. ab in Str. Hölkenbusch – x-Zeichen Wdstr. 24 bis Bf. Nienberge – Hägerstr. – nach 300 m l. in Str. Hägerfeld einbiegen – geradeaus x-Zeichen weiter verfolgen durch die Gasselstiege in die Stadtmitte.

Ahnherr des Münsterlandes ist der Bauer. Prächtige alte und neue Höfe sind sein Stolz. (oben) →

Siedlung wiederaufgebauter Fachwerkhäuser in Ostbevern-Brock →

## 30. Münster – Wienburgpark – Kinderhaus – Max-Clemens-Kanal – Hansell – Altenberge – Gasselstiege – Münster [39 km]

Ab Cheruskerring auf der Kanalstr. 700 m bis WH Altes Försterhaus, hier l. und im sanften R.-Dreh durch den **Wienburgpark** mit seinen Teichen, gepflegten Anlagen, Wiesen und Kinderspielplätzen bis WH Wienburg. Hier l. und gleich r. auf dem Wienburgweg – vorbei an Kleingartenanlagen – bis zur Kreuzung Kanalstr./Bröderichweg. Diesen l. und nach 200 m r. auf den Rad-/Fußweg – immer vorbei an Gartenanlagen – zum Wangeroogeweg. L. – über die Grevener Str. hinweg und gleich r. bei der Bushaltestelle mit dem Rad-/Fußweg und der Str. Kinderhaus zur Einfahrt Lepra-Museum (Besuchsmöglichkeit). R. auf der Str. Große Wiese weiter und vor der Schule wieder r. in das schöne Waldgebiet – nach 500 m r. und über den Nienberger Bach bis zum Provinzial-Gut. Hier scharf l. und über die Bahn geradeaus weiter auf der festen Str. Am Knapp, die auf den „Wilm-Böckmann-Patt" stößt. Zur Linken weitet sich der Ausblick, es geht über die Holzbrücke mit den beschnitzten Geländerköpfen bis zu den Gebäuden des Heimathauses Sandrup/Sprakel/Coerde (Innenbesichtigung 1. So im Monat). Von hier r. auf die Str. **Am Max-Klemens-Kanal** und l. auf dem Radweg geradeaus weiter. Nach 2,5 km WH Renfert („Hölt'ne Schluse"). Ri. weiter anhalten – nach 1,2 km l. x-Zeichen der Wdstr. 5; O: Hf. Hülshorst, Ki. **Hansell.** Weiter über die Hanseller Str. nach **Altenberge** (E/B), dem höchstgelegenen Dorf des Münsterlandes mit großartigen Ausblicken nach allen Richtungen in abwechslungsreicher Landschaft. Von Altenberge zurück – von der Hanseller Str. Abzweigung nach r. in die Hedwigstr. Am Großen Berg vorbei und weiter bis vor Hf. Volbert – l. über die Bahn – nächster Weg r. halten – nach 1,5 km l. – am Wegekreuz vor Hf. Kemper r. über den Hüttenbach/Kleibach in die Derßenbrockstiege. Mit ihr nach 1 km über die Bahn – am Hf. Reeken vorbei – und in Höhe Str. Donnerbusch l. bis zur Hägerstr. – diese queren und r. in die Str. Hägerfeld – l. in die Langenhorster Stiege und nächste Abzw. r. mit dem Wellingweg bis Hagelbachstiege. Auf dieser r. 800 m, dann l. den Rad-/Fußweg durch den Wald und die AU in die **Gasselstiege** und mit dieser am Hof Schulze Gassel vorbei – bis Str. Wilkinghege – r. weiter nach

Schloß Wilkinghege. Von hier durch die Straßenunterführung und dahinter sofort l. hoch zum Radweg auf der Steinfurter Str. – r. bis zur Baumallee bei der Ampelanlage. Hier r. und weiter wie unter Nr. 21 rü. zur Stadtmitte.

### 31. Münster – Hansell – Altenberge – Hohenholte – Hs. Rüschhaus – Münster [41 km]

Bis Altenberge wie unter Nr. 30. Ab Ortsmitte – L 510 bis Möbelhaus Köster – Wanderweg Lütke Berg nach 1 km r. über die B 54 bis zur K 50 – l. Ri. Hohenholte am Hf. Schulze Ekel vorbei bis Brennerei Wiedemann, l. 200 m, r. – O: Hs. Sieverding – nach **Hohenholte** (B). Hier l. die Roxeler Str., gleich wieder l. den Klosterweg und mit dem Pättken (R 1) zur Klostermühle (l.), dann l. auf den alten Horstmarer Landweg (Rüschhausweg). Nach 3 km – O: Hf. Voss – im R.-Dreh durch das Waltruper Feld – l. abbiegen – am Hf. Brirup vorbei – r. durch die U und l./r. auf dem Schonebecker Weg nach **Hs. Rüschhaus.**

Ab Hs. Rüschhaus an der östl. Gräfte entlang – nach 400 m r. über die AÜ – danach r. mit der Str. Am Gievenbach zum Rüschhausweg und auf diesem entweder in gerader Ri. – O: St.-Michael-Ki. Gievenbeck – oder am Transformatorenhäuschen l. ab durch die Siedlung Toppheide – Hensenstr. – Enschedeweg – bis Ki. in Gievenbeck. Hier l. in die Appelbreistiege – (von hier kann man auch das Pättken wählen, das hinter der Schule l. abbiegt durchs Feld auf den Gievenbecker Weg) – an den Klinik-Instituten vorbei – Coesfelder Kreuz – Hittorfstr. – Schloß – Domplatz.

### 32. Münster – Aasee – Mühlenhof-Freilichtmuseum – (Planetarium, Allwetterzoo) – Hs. Rüschhaus – Schloß Hülshoff – Münster [33 km]

Aasee (Bootshafen) – Annette-Allee – (Zentralfriedhof) – vor Hotel Mövenpick halbl. den Radweg zum Kardinal-v.-Galen-Ring – bei der Ampel queren – gegenüber dem Radweg hoch mit dem Ri.-Schild **Mühlenhof-Freilichtmuseum** folgen. Nach Besichtigung weiter r. zur Sentruper Str. – hier l. über die Str. zum Radweg auf der anderen Seite – mit diesem – vorbei am Planetarium/Zooeingang (l.) – ansteigend bis zur Kastanienallee hinter der Gartenanlage Uhlen-

horst – hier r. und nach 250 m – am Ende der Anlage – l. den Feldweg in den Wald; vorbei an Hofanlagen – am Waldrand r. ab – auf dem festen Weg r./l. durch die Hofanlage Rethmann – am Hs. Nr. 456 b r. in das Waldpättken bis zur 400 Jahre alten Eiche [ND] und weiter bis zur Roxeler Str.
Ab hier zwei Möglichkeiten: a. Auf der Roxeler Str. l. mit dem Radweg durch die Aa-Niederung ansteigend und 200 m nach dem WH Ackermann r. ab in die Str. Bredeheide. Auf dieser dann r./l. und wieder l.

b. Die Roxeler Str. queren – in den Ramertsweg – nach ca. 1 km bei der Trafostation (r., nach der Einmündung der Str. Gievenbecker Reihe) l. einbiegen in den Radweg, der durch Feld und Wiese über die Aabrücke zur Verlängerung der Straße Bredeheide führt. Hier l. und nach 200 m r.
In beiden Fällen geht die Tour weiter über die AB – dahinter r. in den Stodtbrockweg – am Hf. nach der Kapelle r. in den Twerenfeldweg. Auf diesem harten Weg durch die Aamulde – am Annette-Stein (l.; siehe Bild) und der Str. Haus Vögeding vorbei (mit Blick l. auf den Rest der WB Hs. Vögeding), weiter geradeaus zum Rüschhausweg. Hier am Ponyhof l. und nach 200 m r. mit der Str. Am Rüschhaus nach **Hs. Rüschhaus** (Annette-Museum der Stadt Münster). Von hier auf der Str. Am Rüschhaus weiter in den Schonebeckerweg (hier Abzw. zum Stadtteil Nienberge r. durch die AU möglich) – nach 400 m scharf l. und den Rüschhausweg queren – nach 1 km r./l. durch 2 Hofanlagen hindurch und nach 300 m r. die Hülshoffstr. queren. Dann im sachten Linksschwenk nach 400 m, kurz hinter dem Hf., l. über die Holzbrücke – 400 m auf einem schmalen lauschigen Patt ansteigend bis Hohenholter Str. – dann l. und nach 500 m r. mit dem R 1 nach WB **Schloß Hülshoff.** Die umzäunte Anlage l. umradeln und dann r. zum Haupteingang (Fahrrad-

Annette-Denkmal – gestiftet 1981 von den vier unten genannten Teilnehmergemeinschaften der Flurneuordnung.

Bronze-Plastik
von Rudolf Breilmann

Inschrift um das Oval oben (aus dem Droste-Gedicht „Abschied von der Jugend") und im Kreis unten:

Und doch ist des Sommers Garbe
nicht geringer als die Blüten.
Und es segnet Gottes Rechte
übermorgen so wie heute.

Flurneuordnung
Albachten-Amelsbüren, Roxel,
Nienberge, Sandrup-Sprakel

Parkplatz). Nach Besichtigung – O: Rentei, an der Einfahrt zum P – zurück in Ri. Münster auf der Havixbecker Str. (die zwischen Roxel und Havixbeck einen Radweg erhalten hat) – nach 800 m r. in die Bösenseller Str. – nach 1 km l. in die Str. Im Rüschenfeld – nach 600 m r., und nach weiteren 600 m l. mit der Tilbecker Str. nach **Roxel.** Über den Ki.-Platz hinweg r. in der Kurve r. in die Dorffeldstr. – diese bis zum Nottulner Landweg – hier l. und nach 300 m r. in die Str. Am Rohrbusch. Ri. anhalten – AB-Raststätte l. liegen lassen – weiter im Wald scharf r. – über die Holzbrücke (Meckelbach) l. auf die Altenroxeler Str. – weiter durch die AU – und immer weiter durch die Bsch. Altenroxel bis zum Dingbängerweg – dort l. den Radweg auf der anderen Seite – dann r. dem Hinweisschild Zoo/ Planetarium/Freilichtmuseum folgen – Sentruper Str. – Hotel Mövenpick – und am Aasee entlang zur Stadtmitte.

**33. Münster – Gasselstiege – Max-Clemens-Kanal – Nordwalde – Altenberge – Münster** [55 km]

Promenade Kreuzschanze/Kreuzviertel – Lazarettstr. – Neutor – Steinfurter Str. – nach Kreuzung Grevener Str. r. in die **Gasselstiege** – York-Ring queren und weiter die Gasselstiege (biegt vor dem Rektoratsweg l. ab) – Idenbrockweg queren – geradeaus weiter auf der Gasselstiege. Nach Str. Papenbusch l. den Laubengang wählen, der an der Gasselstiege entlang verläuft – vorbei am Hf. Schulze Gassel (etwas weiter l. Abzw. zum WH Wilhelmer). Unsere Tour verläuft weiter – immer dem x-Zeichen der Wdstr. 24 nach – AU – weiter in die Str. Hägerfeld, dann r. Hägerstr. Diese führt r. am Bf. Nienberge vorbei in die Hanseller Str. jenseits der Bahn. Die erste Abzweigung r. in die Str. Hölkenbusch wählen – auf dieser 2,5 km geradeaus – O: Hf. Hölken – ehem. **Max-Clemens-Kanal.** Hier l. 5 km am Kanal entlang bis WH Vosskotten (unterwegs WH Renfert); 2 km nach WH Vosskotten Ldstr. Nordwalde (l.) – Greven (r); auf dieser 500 m l. und dann bei Hf. Blomberg r. in die Westeroder Str. einbiegen. Weiter im sachten Linksdreh durch Rohlings Venn bis zur festen Str. (von dort nördl. Abzw. zum Grillplatz in der Brennheide) – auf dieser l. und nach 400 m r. das Pättken über Hf. Kannenbrock und weiter im Linksdreh über den Wipperbach, dann l. an Hs. Bispinghof vorbei ins Zentrum von **Nordwalde** (E/B). Im Ort halbl. abbiegen auf die Altenberger Str. und weiter auf der Sandstiege – am Friedhof vorbei (r. in Höhe des Plastikwerks Abzw. zum Sportplatz). Nach 1,2 km die Bahngleise queren (man trifft hier ein Stück auf die Aa-Vechte-Tour) – O: Hfe. Waltermann, Große Brinkhaus und Voß – 200 m nach der Vollhagenbachbrücke r. und durch den „Schwarzwald" zum Paschhügel – durch eine leicht hügelige Landschaft nach **Altenberge.** Ab hier wie unter Nr. 31 über Hohenholte nach Münster.

**34. Münster – Max-Clemens-Kanal – Emsdetten – Emsdettener Venn – Burgsteinfurt – Borghorst – Nordwalde – Münster** [90 km]

Bis WH Renfert und Vosskotten wie unter Nr. 33. 2 km nach WH Vosskotten, auf der Ldstr. Greven–Nordwalde 500 m l. und hinter Hf. Blomberg r. in die Westeroder Str. einbiegen – am Hf. Schulze

Westerode vorbei – nach 1,5 km wieder scharf r. zum ehem. **Max-Clemens-Kanal** – an diesem 6,5 km entlang, über die Ldstr. Emsdetten–Nordwalde hinweg (ab hier sehr lohnende Abstecher nach l. in Lintels Brook und in die Brennheide); in Höhe von Hf. Spaning r. ab durch die Gemarkung Ahlintel nach **Emsdetten.** (Nur 4 km sind es in das NSG Emsdettener Venn, wenn man bei Hf. Spaning nicht r. abbiegt nach Emsdetten, sondern geradeaus am WH vorbei weiterfährt, bis man vor Hf. Ribbers im Venn auf das x-Zeichen der Wdstr. 6 trifft; man kann l. nach Burgsteinfurt und r. nach Emsdetten abbiegen.) In Emsdetten erreicht man das x-Zeichen der Wdstr. 6 zum Venn in der Mesumer Str. Etwa 1 km führt der Weg im Linksdreh durch die Bsch. Westum – nach 3 km in das **Emsdettener Venn.** Weiter in westl., südl. und wieder westl. Ri. – in Höhe von Hf. Ribbers l. zur Emsdettener Str., hier l. und gleich wieder r. (Zu den Grafensteinen) – die westl. Ri. etwa 4 km durch das Hollicher Feld anhalten, dann in sachtem Linksdreh – am Hf. Feldhues-Deitert vorbei – zur Str.-Kreuzung – an dieser l. und 1,3 km bis WH Korthaus – 300 m weiter scharf r. – an der Burgruine vorbei – über die Str. Blickweg und Grüner Weg zur Tecklenburger Str. – dann in die Stadtmitte **Burgsteinfurt.** (Entfernung Emsdetten–Burgsteinfurt 15 km.) In Burgsteinfurt beginnt der Rad-Wanderweg am Bagnoeingang in Nähe der WB – durch das Bagno dem x-Zeichen nach – unter der B 54 her bis zur L 510 nach Borghorst. Diese nach 400 m nach l. verlassen – nach 600 m r.; hinter Borghorst wieder x-Zeichen der Wdstr. 13 – durch die Bsch. Scheddebrock. O: Hfe. Thiemann, Reinke und Lepper. 1,2 km hinter Hf. Lepper r. abbiegen und hinter Hf. Isermann l. nach **Nordwalde.** Ab hier weiter wie unter Nr. 33 nach Altenberge; von hier wie unter Nr. 30 oder 31 nach Münster.

### 35. Münster – Burgsteinfurt – Rheine/Mesum – Rheine/Elte – WB Surenburg – Münster [120–124 km]

Von Münster bis Burgsteinfurt wie unter Nr. 34. Ab **Burgsteinfurt** Tecklenburger Str. – Grüner Weg – am Freibad l. einbiegen und nördl. Ri. in die Bsch. Hollich – O: Hfe. Schulze Leugering und Rüsse. An der nächsten Gabelung r., Str. queren – nach 400 m halbl. einbiegen; 300 m hinter Hf. Feldhues-Deitert l., 4 km dem

Mesumer Damm nach – durch das Hollicher Feld – am ehem. Max-Clemens-Kanal (Clemenshafen) – den Kanal queren und 6 km in gerader Ri. nach Dorf **Mesum** (E). In Mesum hinter der Bahn erste Str. r., dem natürlichen Verlauf der Str. folgen – am Bf. vorbei zur B 481. Hier r. und sofort wieder l. – nach 2 km Hf. Dieckmann. Hier l. abbiegen und dem Ri.-Schild Wasserwerk folgen in die Ortheide. Nach 2 km Handfähre Bockholt (letzte Handfähre Westfalens – ggf. hinüberrufen!). Übersetzen über die Ems – WH; hier Wege durch Sand- und Heidegebiete nach Elte über Hf. Quiel erfragen (2,5 km). Ab **Elte** nach WB Surenburg durch das Wilde Weddenfeld (6 km) – verläuft in ziemlich gerader Ri.; 4 km hinter Elte halbr. abbiegen zum Ziel. Ab **WB Surenburg** wie unter Nr. 55 über Emsdetten (E) – Hembergen – Greven (E) nach Münster.
(Von der Surenburg aus lohnende Abstecher u. a. nach Bergeshövede und Bevergern.)

## 36. Münster – Schloß Hülshoff – Havixbeck – Baumberge – Stevertal – Nottuln – (Billerbeck) – Bombeck – Hs. Stapel – Münster [75–80 km]

Bis **Schloß Hülshoff** wie unter Nr. 32. Nach Besichtigung des Schlosses – vom Fahrrad-Parkplatz aus in die Ausfahrt. Von hier l. um Schloß Hülshoff herum – ca. 800 m durch Wald- und Feldflur im R./l./r.-Dreh – an den großen Putenställen und den 3 Kötterhäusern (Rademacher) vorbei und 400 m nach dem letzten halbl. – auf der asphaltierten Str. l. und gleich wieder r. – nach 100 m vor dem weiß getünchten Wohnhaus l. einbiegen und im Linksdreh durch stimmungsvolles Waldgebiet – nach 800 m (x-Zeichen) r. bis zur Ldstr. Auf dieser l. – nach 500 m r. einbiegen bei der Schulbushaltestelle (Hf. Hillebrand); reizvoller Schlängelpatt am Schlautbach entlang – vorbei am Hf. Schulze Schleithof – weiter dem Schlautbach entlang über den Antoniusweg r. bis zur Schützenstr. – Schulstr. – am Friedhof vorbei (über den Rathausparkplatz) zum alten Kirchplatz von **Havixbeck.** Durch den Ort in Ri. Nottuln bis **WB Havixbeck.** Ab hier Ldstr. nach Nottuln. Hinter der Bahn l. in die Dornstiege – Lasbeck 20/21 (x 13) – durch die Bsch. Lasbeck, 1 km ansteigend zur Bruder-Nicolaus-Kapelle mit schöner Aussicht. (Ri.-Sch. Vadersplatz führt zu schönem Aussichtspunkt.) Nach r. WH Schulz (Haus Waldfrieden). Ab hier zur Ldstr., diese in gerader Ri. queren und hinauf im R.-/L.-Dreh auf den Weg, der l. hoch an Hf. Mayer und der Sophienburg vorbei – weiter im L.-Dreh in Domkuhlen-Nähe – zur Ldstr. führt. Auf dieser r. und nach 400 m l. zum **Longinus-Aussichtsturm** (Relais-Station der Bundespost; auf der Höhe auch Fernseh- und UKW-Sender). Ab hier orientiere man sich l. zur Ldstr. Havixbeck–Nottuln und radle geradeaus unterhalb der ehem. JH (jetzt WH Hs. Steverberg) ins **Stevertal** (Wassermühle Schulze-Westerath). Ab hier in der R.-Kurve l. auf dem Wirtschaftsweg zum alten Stiftsdorf **Nottuln.** Vom nördl. Kirchplatz der Stiftskirche l. in die Str. Twiälf-Lampen-Hok – 100 m nach der Einmündung Gerburgisstr. (hinter Fa. Lappe) beginnt r. am Wegeschild das Ludgeruspättken – dem Nonnenbachtal entlang – mit Teichen, Gärten und Waldplacken – l. im Bogen um das Wasserwerk mit schönem

Schloß Hülshoff – das Pflanzengitter kann diesen „Blick ins Mittelalter" nicht versperren

Talblick. Nach 1,5 km auf dem befestigten Feldweg l. – vorbei am Ludgerusstein. Nach 300 m r. in den asphaltierten Weg einbiegen – über den Geländebuckel ins Mariental auf den befestigten Feldweg – ca. 100 m l. und über den Grasweg zwischen den Weiden zum Wald; im Wald geradeaus den Trampelpatt bis zum Waldwirtschaftsweg – hier r. Dann ca. 1,5 km bergauf und bergab durch den Staatsforst Münster zur Ldstr. Nottuln (r.)–Billerbeck (l.). Auf der Str. l. weiter – an Gut Holtmann und dem Feriendorf vorbei. (Nach **Billerbeck** mit der Schlösser-Route – 3,5 km –: Weiter l. die Holtmannsstiege – über den Südberg – am Waldrand l. – Berkelpättken – Kolvenburg – Innenstadt.) Unsere Tour geht weiter r. hoch – dann l. (O: Hf. Meyer) zur Ldstr. Havixbeck (r.)–Billerbeck (l.). Diese queren und auf dem Wirtschaftsweg im R.-Dreh durch das schöne Tal der Bsch. **Bombeck** (Bombecker Aa). An dessen Ende l. – EU – den Weg ca. 2,3 km anhalten bis Ldstr. Havixbeck (r.)–Holthausen (l.). Hier nach r. – nach 700 m am WH Klute l. die Roxeler Str. – nach 1 km l. zur WB **Hs. Stapel** (lohnende Abstecher in waldreiche Umgebung). Weiter an der Stapelsmühle vorbei – über die Münstersche Aa hinweg – nach 3 km am Horstmarer Landweg r. und Anschluß an Tour Nr. 31 – mit dieser über Hohenholte nach Münster.

### 37. Münster – Mühlenhof-Freilichtmuseum – Zoo – Roxel – (Schloß Hülshoff) – Stevertal – Baumberge – Bösensell – Mecklenbeck – Münster [50–54 km]

Am Aasee l. entlang – r. über Tormin-Brücke – bei der ersten Ampelanlage l. über die Str. und gegenüber hinauf den Radweg im Sportpark Sentruper Höhe zum **Mühlenhof-Freilichtmuseum** – Sentruper Str. – **Zoo** – weiter geradeaus durch die Aaniederung bis Dingbängerweg. Hier l. und gleich r. in die Altenroxeler Str. – über

Die gotische Hallenkirche St. Martin mit der barocken Turmhaube → von J. C. Schlaun, wohlerhaltene Stiftshäuser von Schlaun und der Kirchplatz bilden den Mittelpunkt Nottulns, des ältesten Stiftsdorfes in Westfalen

den Meckelbach, durch die AU – geradeaus 300 m, dann r. bis zur Kläranlage – hier r. dahinter den Radweg entlang dem Meckelbach – hinter dem Brückchen beim Pumpwerk l. durch das Wäldchen – an der Trimmanlage Rohrbusch vorbei – auf die Str. Welsingheide – hier r. bis Nottulner Landweg, auf diesem r., nach 100 m l. in die Dorffeldstr. im Stadtteil **Roxel**, dann Roxeler Str. – Havixbecker Str. – und bei Km-Stein 12,2 l. in die Str. Im Rüschenfeld. Nach 1,4 km die Bösenseller Str. überqueren (vgl. ab hier Nr. 32 – auf der Bösenseller Str. r. – dann – nach ca. 1 km – auf der Havixbecker Straße links ab zum **Schloß Hülshoff**) – und in gerader Ri. geht es – (bei ungünstigen Wetter- und Wegeverhältnissen auf der Bösenseller Str. nach l. abbiegen und nach etwa 500 m Anschluß nehmen an die Tour Nr. 48 durch das Königsbrook) – etwa 3 km weiter – am Hf. Trappe vorbei zur Ldstr. Hohenholte-Bösensell. Hier 500 m nach links zur Tour Nr. 48, die kurz vor dem alten Bf. Tilbeck erreicht wird. Ab hier mit der Tour Nr. 48 weiter ins **Stevertal**. (Besuch des alten Stiftsdorfes Nottuln [2 km] sehr zu empfehlen.) Aus dem gastlichen Tal, ab Schulze Westeraths Wassermühle, zur Ldstr. Schapdetten (l.) – Nottuln (r.) – geradeaus weiter, am alten Kupferhammer vorbei, nach 600 m l. auf Schapdetten zu. Dorfstr. in Ri. Münster nach 300 m nach r. verlassen. Nach 1,5 km am Hf. Larkamp l./r. durch die Kley – am Hf. Holle vorbei – nach **Bösensell.** An der Ki. r. in die Bahnhofstr., die B 51 queren – am WH Farwick die EU (mit Fahrradrinne) wählen, danach l. die Brockstr. – nach 300 m r. am Hf. Schulze Pröbsting vorbei, 1,7 km in gerader Ri. über die AB hinweg nach Hs. Ruhr (Wasserschloß). Ab hier zur K 60, auf dieser sofort l. ab durch die Bsch. Niederort, 1,2 km (O: Hf. Eßmann). Hier r. und im L.-/R.-Dreh – an Hfn. Wilhelmer und Holtmann vorbei – l. und wieder l. (O: Hf. Eggemann) – über die AÜ – dann EÜ – dann r. in die Sendener Stiege bis zur Weseler Str. – hier r. und nach der AU l. in die Str. Zur Landwehr einbiegen und r. über die Bahngeleise hinweg mit der Mecklenbecker Str. (r. **Mecklenbeck**) – am Aasee entlang – nach Münster/Innenstadt.

### 37a. Stevertal – Appelhülsen – Buldern [16 km]

Vom Stevertal aus Ldstr. Schapdetten–Nottuln queren; O: alter Kupferhammer – hier geradeaus weiter, nach 1,6 km Hf. Schulte

Hauling; weiter, und nach 600 m l. abbiegen, O: Hf. Kammann, nach 500 m r. und nach 1,5 km wieder r. – O: Hs. Küchling – AÜ – **Appelhülsen.** Wer Appelhülsen meiden will, überquert die B 67 300 m vor dem Dorf – biegt vor dem Hf. Thier r. ab und radelt am Hf. Wenning vorbei bis zur Kreisstr. Hier l. (nach 500 m l. das Martinistift – „Martini-Kinder- und Jugendhilfe Münsterland") und nach 1,3 km l. durch die Dorfbsch. – am Hf. Geistmann vorbei – nach Buldern.

**37b. Münster – Bösensell – Senden** [27 km]

Mit der Nr. 32 bis zur Kläranlage an der Altenroxeler Str. Hier l. zur Str. Welsingheide – auf dieser r. und am Ortsschild Roxel l. – über die Bahn – bis Str. Oberort. Auf dieser l. und nach 500 m r. in die Str. Dalkamp – an den Hfn. Ahlbrandt und Egger vorbei – durch schönes Waldgebiet bis Bösenseller Str. Auf dieser l. und dem Ri.-Sch. „Bösensell 3 km" folgen. Nach 1,6 km l. – O: Hf. Hils – dann an Hs. Alvinghoff vorbei zur Ldstr. nach Bösensell, l. – gleich hinter der Brücke r. dem Ri.-Sch. „Fuß- und Radweg zum Helmerbach" folgen. An diesem entlang – am Ortskern **Bösensell** (l.) vorbei, Umgehungsstr., Havixbecker Str. und B 51 werden unterquert – danach l. und r. Bahn und A 43 überqueren und im sachten Rechtsdreh etwa 2,5 km auf dem Wirtschaftsweg durch die Bredenbecker Heide – O: Hf. Vogt; danach l./r. zur Steverbrücke. L. ab – am rechten Ufer entlang ein Radweg – O: Hf. Einhaus. Nach 2,5 km mehrere Holzbrücken – Radweg auch auf dem anderen Ufer (mit Verbindung zur B 235). Über eine der Brücken und weiter an der Stever entlang – die L 844 unterqueren – zum Ortskern Senden.

**38. Münster – Mühlenhof-Freilichtmuseum – Mecklenbeck – Hs. Tinnen – Venne – (Amelsbüren) – Münster** [34–36 km]

Mit der Nr. 32 bis zur Sentruper Str./Gartenanlage Uhlenhorst. Geradeaus weiter – vor der Aaniederung l. über Hs. Kump (Reithalle St. Georg) – Aabrücke – zur Mecklenbecker Str. Hier r., über die Kreuzung geradeaus – an der Martin-Luther-Ki. l. in den Meckmannweg zur Weseler Str. Diese queren zur Heroldstr. – am Bf. Mecklenbeck vorbei – über die AÜ hinweg in die Wiedaustr. – nach 2 km r. AU – l. Str. Haus Tinnen **(Hs. Tinnen** r. liegenlassen) – bis Str. Feuerstiege, hier r. und danach l. über die Str. Wilbrenning – O: Hfe. Schulze Wilbrenning, Bessing und Holtkamp – Farwicksheide im Linksdreh mit der Str. Kannenheide zur Str. Kappenberger Damm. Hier r. und später l. über die Kanalbrücke in Ri. Ottmarsbocholt. Nach 1,5 km zum Mittelpunkt **Venne** des gleichnamigen verträumten Moor- und Heidegebietes. Hinter dem Mittelpunkt der Bsch., der sehr stimmungsvoll von Kirche, Speicher und Wirtshaus gebildet wird, gleich l. einbiegen und nach 300 m beim Kapellchen wieder l. – die Ri. 3 km (Str. Dängsel) anhalten. Auf halbem Wege WH Davert-Klause; 600 m an der AB entlang bis Str. Hartmannsbrook, dann:

entweder l. einbiegen – über Hf. Schulze Heil-Schenking – Kanalbrücke – und am anderen Ufer r. entlang – AU – und auf der Str. Inkingrodde bis vor die EÜ; hier l. Str. Im Mühlenfeld zur Wiedaustr. – r. durch die EU und gleich l. in die Thierstr.;

oder r. ab – AU – danach zweiten Weg l. Ri. Kanal bis zur Str. Börgerbrücke; auf dieser r. – an Hs. Amelsbüren vorbei – EU – und r. hinauf zur Davertstr. (r. **Amelsbüren**). Hier l. – über die Kanalbrücke – l. in die Wiedaustr. und vor der EU r. in die Thierstr.

In beiden Fällen weiter auf der Thierstr. – an der Ziegelei vorbei – weiter r./l. auf der Thierstr. – Str. Grafschaft kreuzen – Vennheideweg – l. Elsa-Brändström-Weg – EÜ in Str. Hülsenbusch, geradeaus wieder EÜ und durch den Sternbuschpark – Str. Sternbusch – r. über die Bahn zum Düesbergweg, hier r. und nach 100 m l. am Clemenshospital vorbei über die Brücke – Saarbrücker Str. – Grüner Grund – in die Innenstadt.

## 39. Münster – Venne – Venner Moor – Senden – (Appelhülsen) – Buldern – Kloster Karthaus – Dülmen [43 km]

Bis **Venne** wie unter Nr. 38. Von WH Brüse 200 m in Ri. Kanal – dann im spitzen Winkel einbiegen ins **Venner Moor** – nach 200 m r. und nach 500 m l. – nach 400 m wieder r. – harte Str. geradeaus (in Höhe Forsthaus) verlassen und nach 1 km l. am Hf. Schulze

Tomberge vorbei mit Rechtsdreh über den Kanal und dann l. nach **Senden.** Ab Busbahnhof l. der Stever entlang – durch den Bürgerpark – über die zweite Fußgängerbrücke – weiter durch Park- und Sportanlagen den Stever-Radweg bis Schloß Senden. L. über die Brücke und r. am Marienkapellchen l. der Stever entlang – Steverdüker r. – dem Kanal entlang – zur Hiddingseler Str. (Teilstücke R 2/R 31); auf dieser 1,2 km durch die Bsch. Schölling – dann r. ab 2 km bis zur Bulderner Str. Ab hier zwei Möglichkeiten der Weiterfahrt bis in Höhe des Pferdegestüts Hs. Giesking:

a. Über die Bulderner Str. hinweg geradeaus – nach Hf. Leppmann l. und nach ca. 300 m r. – O: Hf. Strietholt; Ri. 3 km anhalten durch die Leppingheide. Hinter Hf. Lückmann l. einbiegen auf den schönen Patt (Rad-/Fußweg) über Hs. Giesking zur Hangenauer Str.

(Nach **Appelhülsen**: Nach Hf. Lückmann weiterfahren – vor den Bahngeleisen r. abbiegen und nach ca. 600 m l. über die Bahnhofstr. in die Ortsmitte – 1 km südöstl. Appelhülsen WB Gr. Schonebeck.)

b. Auf der Bulderner Str. 2,5 km l. – unterwegs Hf. Schulte-Volmar. Bei Hf. Gr. Verspohl r. – über den Hagenbach – und ca. 3 km im R.-/L.-Dreh durch die Bsch. Hangenau – unterwegs Hf. Gr. Gorgemann. Danach auf Hinweis zum Pferdegestüt Hs. Giesking achten. (Ab hier laufen a. und b. wieder zusammen.) 300 m nach dem Hinweis scharf l. – im Dreh bis vor die Eichenallee zum Hf. Horstrup. Hier r. weiter und nach 1,5 km vor den Bahngeleisen l. das Pättken – am Sportplatz vorbei – zur Ortsmitte von **Buldern**. Vor der Ortsmitte auf der Daruper Str. in nordöstl. Ri. aus dem Ort hinaus – in der R.-Kurve hinter der Brücke nach Hf. Geistmann scharf l. abbiegen auf den Feld-/Wiesenpatt bis zum festen Weg, der l. zum Seengebiet führt. (Abstecher empfehlenswert – WH.) Auf dem Weg r. weiter – die erste Str. l. ab – am Hf. Steghaus vorbei – AU – beim WH l. nach Kloster **Karthaus;** hier Anschluß an Tour Nr. 47 nach Dülmen.

### 40. Münster – Venne – Venner Moor – Senden – Dortmund-Ems-Kanal – Lüdinghausen [36 km]

Bis **Venne** wie unter Nr. 38 und weiter bis Hs. Senden wie unter Nr. 39. Von **Hs. Senden** zurück an den Kanal – an diesem etwa 8 km entlang – dann l. über die Kanalbrücke – nach 100 m l. einbiegen und dann r. durch das Wald- und Heidegebiet „Dicke Mark", bis zur Schule (r.) an der Ldstr.; von hier geradeaus und dann l. durch die Bsch. Berenbrock in Ri. Klutensee (4 km); unterwegs O: Hfe. Thüner und Gr. Holtbur. Ab Klutensee (WH) nach 1,5 km in die schöne Kastanienallee von Lüdinghausen und auf dieser l. zur WB **Vischering – Lüdinghausen** (E/B).

## 41. Münster – Venne – Davensberg – Rinkerode – Hohe Ward – Angelmodde – Münster [50 km]

Geistkirche – Saarbrücker Str. – über die Brücke Umgehungsstr. – am Clemenshospital vorbei – r./l. Str. Sternbusch – über die Bahn – l. durch den Sternbuschpark – EÜ – geradeaus durch Str. Hülsenbusch – nächste EÜ – Elsa-Brändström-Weg bis Vennheideweg; dort r. und auf dem Vennheideweg weiter in die Thierstr. – Ri. anhalten – an der Ziegelei vorbei – bis Wiedaustr., hier r. durch die EU – nächste Str. Im Mühlenfeld l. und dann r. mit der Str. Inkingrodde am Dortmund-Ems-Kanal entlang – AU – und weiter bis zur Kanalbrücke. Auf dieser l. über den Kanal und gleich wieder l. in die Str. Hartmannsbrook; vor der AU r. in Str. Dängsel und Ri. ca. 3 km anhalten – vorbei an WH Davert-Klause – bis zur Querstr. Hier – beim Kapellchen – r. und nach 300 m wieder r. nach **Venne.** (Hier Wanderweg ins Venner Moor, 55 Min.) Von der Ki. in Venne wieder zurück – l. den harten Weg 1,5 km anhalten – dann halbr. und nach 2,5 km l. durch das Weiße Venn – nach 1 km scharf r. und wieder l. – AÜ. Danach 600 m l. – und wieder scharf r. und wieder über die AB nach **Davensberg.** Im Dorf am alten Wehrturm vorbei l. Ri. Bf. – EU – AÜ – ca. 5 km der Str. nach – am Kruzifix bei Hf. Schulze Pellengahr vorbei – O: Hs. Bisping (Wasserschloß) – zur B 54 – hier l. – gleich danach r. und sofort wieder r. in die Str. Altendorf und halbl. auf den Rad-/Fußweg – Prozessionsweg (geradeaus geht es auf der Str. Im Breul zum Sportzentrum und der Reithalle mit Radweg im R.-Dreh zurück); wir radeln an der Kreuzung r. hinein nach **Rinkerode.** Vor der Ki. l. und über die Stellastr. r. durch die EU – halbr. halten – am Hf. Dahlhoff l. vorbei in die **Hohe Ward** – nach 1,5 km scharf r. und nach 500 m wieder l. – nach 1 km Abzweigung halbl. – nach einem weiteren km WH Borgert. Hier Ldstr. queren und weiter über die Werse (hier r./l. der Werse-Wanderweg); O: Hf. Watermann. Nach 100 m l. – vorbei an Hs. Dahl – Hiltruper Str. r./l. queren und mit dem Twenhövenweg in den Stadtteil **Angelmodde**. An der Ki. vorbei und vom Angelmodder Weg hinter der Wersebrükke l. ab in die Homannstr.; nach 500 m r. – vorbei an Hf. Homann und Hubertus-Reithalle wieder zum Angelmodder Weg. Hier l. und nach 400 m Radweg auf der rechten Straßenseite am Ortsrand von Gremmendorf r. einbiegen in den Rad-/Fußweg. Diesen im sanften Linksdreh anhalten und weiter geradeaus über den Böddingheideweg und Gremmendorfer Weg hinweg in das Feldpättken; diesem im Schlängel – über den Loddenbach – folgen bis KW Sebon. Dort l. um die Gebäude herum und beim Elektrokasten l. in den Waldweg. Geradeaus – vorsichtig die Str. queren – weiter durch den Wald – r. am Bahndamm entlang und l. durch die EU (Hs. Kaldenhof r. liegenlassen). An der nächsten Kreuzung r. in die Str. Schmittingheide und – hinter dem Jugend-Verkehrskindergarten – gleich wieder l. dem Rad-/Fußweg folgen bis Hs. Lütkenbeck. Dort r. durch das schöne Laubenpättken bis zur Umgehungsstr. – diese queren und weiter über den Dortmund-Ems-Kanal in die Innenstadt.

### 42. Münster – Venne – Ottmarsbocholt – Davensberg – (Ascheberg) – Hiltruper See – Hohe Ward – Angelmodde – Münster

[52 km]

Bis **Venne** wie unter Nr. 38 oder 41. Hinter der Ki. l. – nach 500 m r. durch den schönen Mischwald und nach etwa 2 km am Waldrand r. und l. durch die Feldflur auf die Ki. Ottmarsbocholt zuradeln. In **Ottmarsbocholt** Str. nach Davensberg; 700 m hinter dem Dorf in der scharfen Linkskurve geradeaus weiter – x-Zeichen der Wdstr. 3 – O: Hf. Bracht – in den Wald und l. wieder auf die Ldstr.; hier r. ab nach **Davensberg.** (Von Davensberg über Hs. Byink – Hs. Romberg nach **Ascheberg** 3,5 km – WH Jagdschlößchen, E/B.) In Davensberg Str. am mittelalterlichen Festungsturm vorbei l. in Ri. Bf. – EU – Waldpättken zur Ldstr. Davensberg-Amelsbüren (Davertstr.). Auf dieser 4,5 km bis WH Wittlerbaum (unterwegs Abstecher in

stille Landschaft lohnend). Bei Wittlerbaum r. ab weiter durch die Davert. O: Hf. Druffel. Weiter in nordöstl. Ri. zur Ldstr. Hiltrup-Rinkerode (Westfalenstr.), diese queren – auf dem gegenüber einmündenden Waldpatt geradeaus bis zur breiten Str. (Str. Hohe Ward; nach l. geht es zum Freibad). Hier r. weiter auf der harten, später sandigen Str. (l. der **Hiltruper See**) – auf einem harten Weg im Rechtsbogen über die EÜ – in die **Hohe Ward.** Nach ca. 1 km – hinter dem Pumpwerk (l.) – einbiegen nach l. (z. T. schlechte Wegstrecke). Nach 1,2 km wieder l. im spitzen Winkel dem ziemlich mit Gras bewachsenen Weg folgen – später halbrechts bis zum harten Weg. Auf diesem gleich r. – am Hf. Watermann vorbei – über den Emmerbach – (Str. Am Herzkamp) hinauf zur Str. Osttor. Diese 200 m l. und dann r. einbiegen – an Hs. Maser vorbei – l./r. zum Angelsachsenweg – hier l. bis Heeremansweg; diesen r. bis WH Münnich – r. Münnichweg zum Albersloher Weg – hier l. die EU und bei der nächsten Ampelanlage r. in den Heumannsweg – l. auf den Radweg Lindberghweg – nach den Straßenschwellen wieder Radweg r. – Umgehungsstr. queren und weiter über den Kanal in die Innenstadt.

## 43. Münster – Amelsbüren – Hiltruper See – Hiltrup – Münster [26 km]

Geistkirche – Saarbrücker Str. – über die Brücke Umgehungsstr. – am Clemenshospital vorbei – r./l. Str. Sternbusch – über die Bahn – gleich r. und wieder l. – Brunnenplatz – Brunnenweg – zum Kappenberger Damm. Hier l. und nach 2 km hinter Hs. Looz l. ab in die Str. Grafschaft – weiter über die Bahn und die größere Kreuzung hinweg in die Str. Hünenburg. Auf ihr – über den Kleibach – weiter in die Str. Albertsheide und bis Str. An der Alten Kirche. Hier r. und die nächste Abzw. l. in die Meesenstiege – auf dieser bis zur

Amelsbürener Str.; diese queren in die Str. Am Dornbusch – über den Dortmund-Ems-Kanal und den Emmerbach – am Hf. Schulze Harling vorbei – nach **Amelsbüren.** Noch am Dorfrand – kurz nach der ältesten Wegekapelle in Münster (in Höhe Haus Nr. 41) – l. in die Str. Böckenhorst bis zur Davertstr. – hier l. 2 km bis WH Wittlerbaum. Ab hier wie unter Nr. 42 bis **Hiltruper See;** l. Ri. Kanal – r. EU – Radweg am Kanal entlang (Str. Zum Hiltruper See) bis Str. Osttor. Hier l. und gleich r. unter der Autostr. her in die Kanalpromenade – nach 1 km r. durch Schmitz-Kühlken – WH Münnich – und weiter wie unter Nr. 42 nach Münster.

### 44. Hiltruper See – Hohe Ward – Wolbeck (Tiergarten) – Angelmodde – Münster [26 km]

Ab Hiltruper See an der Südseite des Sees die breite harte, später sandige Str. Hohe Ward – auf einem harten Weg im Rechtsbogen über die EÜ – weiter in die **Hohe Ward.** 1,4 km hinter dem Pumpwerk (l.) nach dem Schlagbaum l. einbiegen – nach 1 km halblinks – nach einem weiteren km WH Borgert. Hier die Ldstr. queren – weiter über die Werse hinweg (hier r./l. der Werse-Wanderweg) – Hf. Watermann – nach 1,2 km r. ab – Bahn und Ldstr. Wolbeck–Albersloh queren – in den Staatsforst **Tiergarten.** Hier gleich l. und im R.-Dreh zum Eingang aus Ri. Wolbeck – am Forsthaus vorbei nach **Wolbeck** (Wasserschloß/Museum, B). In Wolbeck die Münsterstr. bis Ford-Werkstätte. Hier l. einbiegen in die Eschstr. – am Friedhof vorbei durch die Felder nach **Angelmodde** (WH Hoffschulte). Von hier l. über die Angelbrücke zur Ki. und von hier weiter wie unter Nr. 41 nach Münster.

### 44a. Münster-Gremmendorf – Angelmodde – Wolbeck (Tiergarten) – Bsch. Elmenhorst – Alverskirchen – Everswinkel – Erterberg – Im Berdel – Gremmendorf [57 km]

Unsere Rundtour beginnen wir bei der Lokomotive vor dem Eisenbahn-Museum Ecke Albersloher Weg/Erbdrostenweg (geöffnet So 11–12.30 Uhr und nach Vereinb.). Auf dem gut ausgebauten Radweg entlang der Bahnlinie – Gremmendorfer Weg queren – weiter bis in die Str. Altehof. R. in den Angelmodder Weg – am

Kunsthaus Angelmodde vorbei – (geradeaus nach **Angelmodde-Dorf**) – danach l. mit den Str. Bewinkel und Am Hohen Ufer auf den Werse-Wanderweg. Bei der Kläranlage r. über die Holzbrücke in die asphaltierte Str. Hofkamp – vorbei an Pferdekoppeln, Kornfeldern und Waldstücken nach **Wolbeck.** R. in die Str. Goldbrink und über die Eschstr. hinweg l. um den Friedhof herum auf dem Radweg über die Angelbrücke – geradeaus weiter – hinter der ev. Ki. l. in die Merveldtstr. und über die Münsterstr. hinweg in die Herrenstr. mit ihren schmucken Häusern bis zur Hofstr. Hier l. und nach 300 m r. in den Staatsforst Tiergarten. 500 m nach der Angelbrücke l., und um den Hf. Markfort herum geht es aus dem Forst heraus zur Alverskirchener Str. und hier r. auf den Radweg unter Bäumen her. Bei Sch. Wettendorf 3 r. in den roten Sandweg und weiter auf den festen Weg. Weit geht hier der Blick über die typisch münsterländische Landschaft – bis uns wieder ein Waldgebiet aufnimmt. Am

Immer wieder begegnet man im Münsterland – wie hier beim Verlassen des Staatsforsts Tiergarten – Pferden auf der Weide.

Wegkreuz r. – den Hf. Lütke Holling l. umradeln und weiter bis zur L 520 nach Sendenhorst. Hier l. und mit der Str. die Ri. 2 km anhalten. Beim holzgeschnitzten Schild Elmster Berg 10 l., an Hf. Feldmann r. vorbei auf einen Feld-/Wiesenpatt durch große Ackerfluren, gefolgt von einem lauschigen Waldweg – danach über einen etwas holprigen Feldweg und r. nach Hf. Schemmann auf die L 811 Ri. Alverskirchen. Dieser nach l. folgen bis Haltestelle Winkelkötter und vor der Brücke l. in den festen Weg. Weiter im R.-Dreh und in der scharfen Linkskurve r. ab (Sch. Landwirtschaftl. Verkehr frei) in rot besandeten Patt – Holzbrückchen, dahinter Rastplatz – vorbei an Weiden, Schafkoppeln und Kornfeldern wieder zur L 811/Neustr. L. geht es nach **Alverskirchen.** Dort die erste Str. Vinckenweg r. – 600 m anhalten bis zum reizvoll angelegten Radweg hinter Hf. Vincke r. Es geht im Schlängel durch schattige Waldstücke und freies Feld – unterwegs Ruhebänke – ansteigend auf Everswinkel zu. R. den asphaltierten Weg nehmen – dann l. auf dem rot besandeten hinauf – über einen Betonplattenweg bis zur B. Kluck an der K 19. Hier r. und gleich wieder l. auf den festen Weg – weiter vorüber an Wallhecken, Getreidefeldern, Waldstücken zur K 20 Hoetmar (r.)–Everswinkel (l.). Diese queren und r. in die Str. Am Haus Langen. Geradeaus – und im L.-Dreh durch das schöne Waldgebiet mit Ruhebänken bis Hs. Langen. Hier r. auf die Asphaltstr. (l. kommt man über die Kolpingstr. hinein nach **Everswinkel**) und ansteigend bis zur Freckenhorster Str. R. auf dem Radweg bis B. Boschweg – nach l. die Str. queren und im Schlängel weiter – Brücke über die Umgehungsstr. – hinauf bis zur L 793 (nach Warendorf r.) – hier l. und die 2. Abzweigung r. auf den schön angelegten Radweg in das Waldgebiet Große Heide. Bei der ersten Kreuzung mit dem festen Weg l. durch freie Landschaft bis zur K 19 ins Gebiet **Erterberg.** Hier l. und nach 500 m abschüssiger Strecke beim Sch. Wester r. in den Asphaltweg – weiter im Schlängel auf dem gut befestigten Wirtschaftsweg – vorbei am Hf. Wiggenbrock – l. auf den R 41 und gleich wieder r. ab durch die Feldflur. Beim Hf. Brockmann l. durch die wellige Landschaft, beim Wegkreuz r. und der Str. folgen bis in Höhe Hf. Pröbsting (Wettendorf/Püning) – r. ab und l. am Hf. vorbei die L 811 halbl. queren. Die Str. führt – vorbei an großen Geflügelställen – durch das Wald- und Heidegebiet **Im**

**Berdel** zur L 585. L. ab auf dem Radweg die L 793 queren, beim Kapellchen r. in die Everswinkeler Str. – r. Münsterstr. bis WH Averhoff – dahinter l. in die Str. Hofkamp – wieder über die Werse-Holzbrücke – aber jetzt r. weiter und nach ca. 1 km l. den befestigten Weg hinauf – l./r. zum Kaldenhofer Weg (l. WH Sebon) – hier r. und gleich wieder l. in den Waldweg – vor dem Bahndamm l. – am Loddenbachsee r. halten zum Radweg vor der Bahnlinie neben dem Albersloher Weg – und l. wieder zum von uns gewählten Einstiegspunkt Pängelanton-Museum.

### 45. Amelsbüren – Hiltruper See – Amelsbüren [11 km]

In Amelsbüren – durch die Str. Zum Häpper – Pater-Kolbe-Str. bis Hs. Nr. 18; hier l. und gleich r. Str. Lange Kuhle – zur Str. Am Dornbusch; diese l. Ri. Kanal; vor der Kanalbrücke l. hinunter auf den Patt am Kanal – r. unter der (Inkmann-)Brücke her und weiter entlang am Kanal bis vor die nächste Brücke (Weiterfahrt am Kanal aber auch möglich). Hier r. den Radweg hoch zur Westfalenstr. – auf dieser r. und die erste Abzw. nach l. – Str. Zum Hiltruper See – zum **Hiltruper See** (WH/H Krautkrämer). Von hier zurück westl. am See entlang – Str. Hohe Ward queren und gleich gegenüber in einen schönen Waldpatt radeln zur Westfalenstr. Weiter auf der anderen Seite in die Str. Nottebrock, nach 500 m r. Str. Raringheide und auf dieser im Schlängel zurück nach **Amelsbüren.**

### 46. Münster – Venne – Davert – Rinkerode – Alst – Wolbeck – Münster [68 km]

Bis **Rinkerode** wie unter Nr. 41. In Rinkerode vor der Ki. r. und dann halbl. radeln – nach der Bahnüberquerung gleich r., dem Göttendorfweg nach – weiter am Bahndamm entlang. Nach etwa 2 km hinter dem zweiten Wohnhaus l. einbiegen – die Werse überqueren, nach 700 m an Hs. Welpendorf vorbei und immer durch eine schöne abwechslungsreiche Landschaft auf den Wald zu; hier r. ab mit dem Feldweg – nach 300 m l. und wieder r. auf den harten Wirtschaftsweg; auf diesem nach l. zur Ldstr. Albersloh-Drensteinfurt. Diese l. bis Km-Schild 3,8, danach r. am Transformatorenhäuschen vorbei – O: Hf. Große Ahrenhorst (l. umfahren) – und auf den Hf. Böcker zu.

Vor diesem l. auf den Feldweg und nach 400 m r. bis vor Hf. Pieper; dort l. Ab Pieper weitere O: Hfe. Hövelmann und Borgmann – und 100 m vor der Ldstr. Albersloh-Sendenhorst hinter dem Transformatorenhäuschen r. ab und wieder l. zur Str. – auf dieser r. 1 km bis vor WH Reiterhof Alst (B **Alst**). Hier l. über die Bahngleise – O: Hf. Grevinghoff, Josephkapellchen r., Hfe. Buhne und Rüschhoff – nach Hf. Gerdes l. bis Albersloh/Nachtkamp, dort gleich wieder r. und Ri. 3 km anhalten – an Hs. Backhaus vorbei – bis zur Ldstr. – auf dieser 200 m r. und dann l. in den Feldweg einbiegen zum **Tiergarten.** Hier geradeaus zum Forsthaus und dann weiter wie unter Nr. 44a/41 nach Münster.

**47. Münster – Venne – Ottmarsbocholt – Lüdinghausen – Seppenrade – Borkenberge – Halterner Stausee – Dülmen – Karthaus – Rorup – Coesfeld – Kloster Gerleve – (Billerbeck) – Havixbeck – Münster** [138 km]

Bis Ottmarsbocholt wie unter Nr. 42. Ab **Ottmarsbocholt** Str. nach Nordkirchen. Nach 500 m r. einbiegen und im L./r./l.-Dreh weiter – unterwegs O: Hfe. Brüse, Stünke, Sillies und Große Aldenhövel. Hier am Bildstock scharf l. zum Hf. Schulze Lohoff. Dann scharf r. an Hfn. Böckmann, Edelbusch und Hoffmann vorbei nach **Lüdinghausen.** WB Vischering, gut erhaltene Rundburg, 12./13. Jh. mit Museum – ab hier in die Kastanienallee – am Antoniuskloster vorbei – nach 300 m r. zum Klutensee. Ab hier über das Philosophenpättken in die Bsch. Berenbrock; O: Hf. Gr. Holtbur, hier l. – nach 1,2 km am Hf. Koch vorbei, den Dortmund-Ems-Kanal, dann die Bahn und danach den alten Kanal überqueren. Dann l. – nach 1,2 km hinter Hf. Kortmann r. einbiegen und nach dem 2. Weg l. vor Hf. Daldrup im Rechtsdreh nach **Seppenrade**. (Ein schönes Höhendorf mit weiten Ausblicken und guten Aufenthalten; Abstecher in die Wolfsschlucht – NSG – 1,5 km. O: Gut Katenberg.)
Ab Seppenrade – Dülmener Str. – hinter der ersten Kreuzung diese nach l. verlassen – O: Hf. Uphof – 100 m weiter r. und sogleich im Linksdreh 1,5 km geradeaus bis Schild „Privatweg" – hier r. und nach 300 m im spitzen Winkel l. am Hf. Könemann vorbei – Ri. weiter anhalten im Linksdreh – dann r. – an der früheren Enkumer Mühle vorbei und weiter Ri. 6 km anhalten – durch die leicht

bewaldeten Ausläufer der Borkenberge (Forst-Lehrpfad) zum **Halterner Stausee.** (Unterwegs nach 1,5 km Hf. Bücker und WH; weiter nach 3 km l. WH Heimingshof; am Halterner Stausee Anlegestelle für Bootsfahrten.) Auf der Ldstr. in Nähe der JH r. und nach 100 m gleich l. in den breiten Waldweg radeln, der ca. 2 km als Fuß- und Radweg das nördliche Ufer begrenzt – bis zum Segel-/Yachthafen. Ab hier oder schon früher Wege durch den Halterner Stadtforst nach Stockwiese; hier weiter bis Ldstr. – vorbei an Hs. Sythen – l. über die Bahn hinweg nach **Sythen**. Nähe Ki. r. in nordwestlicher Ri. – am Freibad vorbei – weiter Prickingshof – durch die Schmaloer Heide – an den Quarzwerken vorbei bis zum Wirtschafts-Querweg; Auf diesem l. nach **Hausdülmen.** Hier die B 51 queren – in die Str. Sillerkamp – nach 200 m r. – immer geradeaus – nach 2,5 km **Dülmen.** Ab Dülmen (Markt) – Billerbekker Str. – 400 m hinter der Umgehungsstr. in Höhe von Hf. Einhaus r. einbiegen – durch Beckers Büsken – über den AB-Zubringer hinweg – sofort l. – AU – durch die Bsch. Weddern – an der alten Schule r. ab zum alten **Kloster Karthaus.** Ab WH nördl. Ri., den Fleisenbach l. lassen – beim Kreuz im Linksdreh am Wald entlang zum **Kloster Maria-Hamicolt**. Von hier 1,5 km – unterwegs WH Waldesruh – nach **Rorup** (alter Gerichtspfahl). Ab Rorup – Ri. Hs. Rorup – weiter – nach 1,2 km Hs. Schwickering (mit 2 Türmchen); 200 m weiter auf der Ldstr. l. – am WH vorbei und dann r. durch die Roruper Mark, 4 km in nordwestl. Ri. – O: Hfe. Löbbers und Segbers. In der Bsch. Kalksbeck über die B 67 hinweg – weiter an der Siedlung entlang und am WH Klinke an der Daruper Str. in die Str. gegenüber – an der alten Bischofsmühle (r.) vorbei – in den Gerlever Weg – diesen l. in die Str. Vogelsang und hier r./l. in die Innenstadt von **Coesfeld.** Ab Coesfeld Stadtmitte Friedrich-Ebert-Str. – Daruper Str. – Forellenweg – über die Holzbrücke des Honigbachs – dann r. und l. hoch auf den Gerlever Weg (die aufgelockerte moderne Siedlung ist sehr beeindruckend). Am Ende der Wohnsiedlung gabelt sich der ansteigende Weg:

Wasserburg Vischering bei Lüdinghausen, die älteste unter den Rundburgen im Münsterland, ist auch die schönste →

a) nach l. ein harter schmaler Fahrweg – 6 km durch ein einmalig liebliches, leicht gewelltes Landschaftsgebiet, durchsetzt mit Acker-, Weide- und Waldflächen – bis zur Benediktinerabtei **Gerleve;**
b) nach r. ein Feldweg – etwa 2 km im sachten R.-/L.-Schwenk bis in Höhe von Hf. Rüping; hier l. und weiter wie unter a) nach Gerleve. (In Nähe der Abtei führen Radwege an der nahegelegenen Str. Coesfeld (l.)–Billerbeck (r.) entlang – auch zum ND Ludgeri-Rast.)
Ab Kloster Gerleve nördl. zur Ldstr. Auf dieser 2 km r. – dann Ldstr. Billerbeck (l.)–Rorup (r.) queren und 2,2 km durch die Osthellermark im sachten Linksdreh – O: Hf. Pollecker – danach r. durch die Bsch. Hengwehr – am Parkplatz in der Hanloer Mark am Hf. Grotthoff vorbei. Danach l. zur Ldstr. Nottuln (r.)–Billerbeck (l.). Auf dieser 500 m l. und hinter dem WH r. durch die Staatsforsten in das Tal Uphoven. Auf der Str. l., am Hf. Holtmann in der Rechtskurve r. hoch (schöner Ausblick auf Billerbeck) – über den Höhenweg am UKW-Sender (l.) und weiter am Longinusturm (r.) vorbei – danach l. einbiegen – am Hf. Mayer r. und weiter am Forsthaus vorbei zur L 874 Havixbeck (l.)–Nottuln (r.). Diese queren – am WH vorbei – geradeaus den Waldweg und nach 1 km l. durch die Bsch. Lasbeck nach **Havixbeck.** Ab hier wie unter Nr. 36 nach Münster.

### 48. Münster – Baumberge – Darup – Lette/Coesfeld – Velen – Ramsdorf – Gemen/Borken – Rhede – Bocholt [87 km]

Promenade – Schloßplatz – Einsteinstr. – am Coesfelder Kreuz in die V.-Esmarch-Str. Am letzten der Institutsgebäude (Gerichtsmedizin) r. – dann l. in die Appelbreistiege einbiegen nach Gievenbeck. Hier an der Michaelis-Kirche l. einbiegen in den Arnheimweg, der zur Str. Gievenbecker Reihe führt. Auf dieser r. – nach 200 m hinter dem Sportplatz l. bis Ramertsweg und auf diesem l. zur Roxeler Str. – r. ab – hinter der Aabrücke l. – an Schloß Hohenfeld vorbei – in die Str. Am Rohrbusch – über die AB hinweg – geradeaus weiter in den Waldweg – vorbei an der Trimmanlage Rohrbusch – Str. Welsingheide queren – weiter entlang dem Meckelbach auf dem Rad-/

Das Stevertal in den Baumbergen ist eines der stillen, für das Münsterland so charakteristischen Täler →

Fußweg – Nottulner Landweg queren – l. vom Meckelbach auf dem Radweg weiter und über die Pienersallee hinweg mit dem Wenningweg r. zur Tilbecker Str. Hier l. und nach 800 m geradeaus in den Brookweg – durch das Rüschenfeld in den Königsbrook (ca. 3 km) (Hs. Brook bleibt r. liegen) – O: Hf. Rauße. Auf der Ldstr. l. bis an das Bahngleis – diesseits bleiben – r. am Bahngleis entlang – den ersten Weg l. über die Bahn und geradeaus bis Ldstr. Havixbeck–Tilbeck.

Wichtig für Radwanderer: Auf der Ldstr. Havixbeck–Tilbeck in der Bsch. Natrup versuche man nicht, über einen der Zuwege, wie sie auch in älteren Karten ausgewiesen sind, auf den bewaldeten Höhenrücken der Baumberge zu gelangen. Die Wege sind für Radwanderer einfach zu schlecht und z. T. gefährlich.

Hier l. und nach 1 km r. Str. nach Schapdetten. Nach 500 m r. am Steinkreuz (Tilbecker Merschke) r. in den ansteigenden Hohlweg. Auf diesem 1,5 km, dann 500 m l. und wieder r. dem Ri.-Sch. „WH Leopold“ nach. (Standort für schöne Wanderungen in diesem Teil der **Baumberge**.) Ab WH Leopold wieder zurück und sofort im R.-Dreh den breiten Waldweg wählen. Nach 1,7 km in der Straßenkurve nach l. den Waldweg wählen und am Waldrand entlang mit Blick auf Nottuln radeln. Nach ca. 1,5 km den Weg nach r. verlassen – der Wirtschaftsweg führt in das Stevertal. In der Straßenkurve Wassermühle Schulze-Westerath. Hier r. durch das **Stevertal,** am WH Elfers vorbei, bis Landstr. Nottuln–Havixbeck; auf dieser r. und sofort wieder l. – O: Hfe. Schulze Bisping und Kellermann – hier l. durch die Bsch. Uphoven zur Ldstr.; diese queren, über den Nottulner Berg – r. in die Schlucht einbiegen. Im Wald gleich Linkskurve nehmen – durch den Tannenwald – im Nonnenbachtal (l. ab radelt man mit lohnendem Ausblick auf Nottuln zu) über den Bach hinweg in gerader Ri. zur Ldstr. Billerbeck–Nottuln; hier r. und sofort l. hoch – O: Hf. Grotthoff – geradeaus mit Linksdreh über die Daruper Höhen – O: Hf. Frieling – nach **Darup** (B). Hier Ldstr. nach Coesfeld; nach 500 m am Bildstock im Tal l. einbiegen – durch

Wiese und Waldflur ansteigend zur Waldkapelle. Danach l. – O: Hfe. Emmerich und Wiesmann. Nach Überqueren der Ldstr. am Hf. Uckelmann vorbei – durch die Roruper Mark. O: Hfe. Schulze Eliab, Koners und Gr. Hölting; hier l. über die Str. hinweg und weiter geradeaus am Hf. Winkelhüsener vorbei nach **Lette** (Höltinghof). Ab Lette Str. nach Coesfeld (5 km) – hinter der Kreuzung an der Gabelung l. – an der Windmühle vorbei durch die Bsch. Kalte. Hier l. über die Bahngleise Dülmen–Coesfeld – Ri. 600 m anhalten, dann im sachten R.-/L.Dreh – EU 1,2 km Coesfeld–Reken – nach 500 m hinter Hf. Wienbrok scharf l., Weg 3,5 km anhalten – über den Kettbach zum harten Weg; hier r. und nach 300 m vor dem Hf. Vohwinkel l. – 1 km am Hf. Vosskühler vorbei – Ldstr. Groß Reken–Coesfeld queren – weiter geradeaus – nach 1,5 km einbiegen – nach 500 m l. und diese Ri. durch das Weiße Venn ca. 3 km anhalten – über die A 31 hinweg – im R.-/L.-Dreh – O: Hf. Bone – und weiter 1,5 km geradeaus nach **Velen** (E/B). Ab WB Velen gleich hinter der Bocholter Aa ein Pättken l. ab zur Badeanstalt; diese l. lassen – dann l. über den Bach, und dann ca. 3 km im Rechtsdreh bis Siedlung Knüverdarp. Hier r./l. weiter – O: Hf. Bröker – nach r. Bahn queren und sofort l. – nach 1,5 km **Ramsdorf** (Heimatmuseum). Nach Verlassen des schönen Dorfes in Ri. Borken r. abbiegen – am Sportplatz (r.) vorbei dann l. – nach 1,2 km Bach queren – danach sofort l./r. – nach 1,2 km am Hof Gerding vorbei – 1,6 km im R.-/L.-Dreh – O: Hf. Schweers – nach **Gemen** (WB). Hinter dem Burgpark nach l. die B 70 queren; danach r./l. über die Bahn hinweg und nach 300 m wieder über die Bahngleise durch die Friedlandsiedlung und das Schulzentrum II Borken-Gemen (früh. Hf. Bußkamp, ehem. Prattenburg) bis WH. Hier l./r. und nach 1,2 km am Hf. Schulze Wülfing l. ab; nach 800 m r. und nach 1,3 km im Linksdreh am Hf. Rößing vorbei nach Hf. Südholt; hier scharf l. und nach 1,2 km vorbei an Hfn. Garvert und Düppmann. Danach r. ansteigend und nach 800 m scharf l.; dann r. über die zwei Ldstr. hinweg – O: Hf. Bollenberg – dann gerade Ri. (R 4) 5 km anhalten durch den Rheder Busch nach **Rhede** (WB). (Entfernung Gemen–Rhede etwa 12 km.)

In **Rhede:** Hinter dem Schloß l., nach 100 m r., hinter der Ki. wieder r., Str. nach Burlo queren, nächste Str. l., nach 1 km wieder l. über die Bahngleise hinweg zur B 67 und auf dieser 3 km nach **Bocholt.**

### 49. Münster - Venne - Ottmarsbocholt - Lüdinghausen - Seppenrade - Olfen - Ternscher See - Selm - Schloß Nordkirchen - Ascheberg - Davensberg - Davert - Münster [105 km]

Bis Seppenrade wie unter Nr. 42 (bis Ottmarsbocholt) und Nr. 47. Ab hier Str. nach Olfen – am Kloster r. und sofort l. in gerader Ri. 3,5 km – dann wieder l. und 4 km im L.-/R.-Dreh an Hfn. Hölper und Mehring vorbei nach **Olfen.** Ab Olfen Str. nach Lüdinghausen – Kanal queren, dann am WH und im L.-/R.-Dreh an Hf. Schulze Althoff vorbei. – Bsch. Benthof – nach r. Kanal queren – sofort l., am Kanal entlang – O: Hf. Geiping – hier r. ab zum **Ternscher See** – diesen in nördl. Ri. umfahren – am Hf. May vorbei – L.-/R.-Dreh – diesseits der Bahn bleiben – nach **Selm.** In Selm Str. nach Südkirchen. 1 km ab Ortsmitte bis Bsch. Ondrup; hier halbl. – nach 1,3 km über die Funne – dann gleich r. in Ri. Hs. Buxford; nach 1 km Hf. Balster – hier l. – am Hf. Jung vorbei über den Schlodbach – und in Höhe von Hf. Schäper auf die Ldstr. nach Nordkirchen. Hier sofort r. und nach 1,2 km zum Westeingang von **Wasserschloß Nordkirchen.** – Nach Besichtigung Str. nach Capelle. Vor der Gabelung l. in den Fahrweg Arenbergischer Forst einbiegen, O: Hf. Altfeld. Hinter dem Hf. l. – nach 700 m r. und im R.-/L.-Schlängel weiter und vor der Bahn l. – nach 1 km bei Hf. Kolb r. über die Bahn und nach 1 km – durch die Lütkebauerschaft l. und weiter l. Ri. anhalten. Am Hf. Hegemann im R.-/L.-Dreh vorbei – der Bahnlinie entlang – 3 harte Straßen (mit Abzweigemöglichkeit r. nach **Ascheberg**) queren bis Hf. Storkamp; hier r. zur Str. nach Davensberg. Auf dieser gleich l. und nach 300 m wieder l. und dann r. auf **Hs. Romberg** zu. Davor l. über die Bahn – dann r. an **Hs. Byink** vorbei nach **Davensberg.** Ab Davensberg wie unter Nr. 42 und 43 nach Münster.

### 50. Münster - Davensberg - Ascheberg - Schloß Westerwinkel - Herbern - Davert - Münster [77 km]

Bis Davensberg wie unter Nr. 42. Ab **Davensberg** Str. nach Ascheberg. Vor der Bahn r. – nach 500 m Hs. Byink (r.) – weiter

nach 600 m l. über die Bahn nach Hs. Romberg. Von hier im R.-/L.-Dreh zur Str. nach **Ascheberg** (E/B – WH/H Jagdschlößchen). Ab Ascheberg Str. nach Nordkirchen. Vor der Bahn l. – am Hf. Hegemann vorbei – durch die Bsch. Hegemer – im R.-/L.-/R.-Dreh und in gerader Ri. – an Hf. Lendermann vorbei; nach 500 m r. einbiegen und gleich wieder l. zum ND (Baumgruppe); hier l. und im R.-/L.-Dreh in den Waldweg, der zur eindrucksvollen Schloßanlage von **Westerwinkel** gehört (Museum). Ab Westerwinkel zum Ostausgang nach **Herbern**. Von hier L 671 nach Drensteinfurt/Ahlen wählen, nach 500 m l. – nach 300 m r. und im L.-/R.-Schlängel über den Dorfbach. Nach 600 m l., dann 2,5 km im L.-/R.-/L.-Dreh durch die Bsch. Forsthövel zur B 54 (700 m l. an der B 54 WH Kreuzkamp). Die B 54 queren und ca. 4 km im sachten R.-Dreh am Hf. Platvoet vorbei, den Emmerbach entlang, zur alten Ldstr. – auf dieser r., dann die B 58 queren und 1,5 km geradeaus – O: Hf. Holtschulte. Nach diesem scharf l. und nach 500 m im Rechtsdreh an dem schönen Gräftenhof Schulze Pellengahr vorbei.

Nach Passieren in gerader Ri. am Hofkreuz r., Ri. 3 km anhalten – durch die Hohe Heide. 500 m vor Hs. Bisping l. ab durch das Wäldchen – um Hs. Borg im L.-Dreh auf Rohrkämper Holz zu – im Wald r. und weiter 3 km durch die **Davert** (auf z. T. schlechten Wegstrecken) mit Ziel WH Wittlerbaum. (Es lohnt, nach l. und r. – je nach Zeit und Interessen – sich an der urwüchsigen Schönheit und der wohltuenden Ruhe dieser münsterländischen Spuk-Landschaft, von der auch interessante Heimatsagen erzählen, zu erfreuen.) Ab Wittlerbaum nach Münster wie unter Nr. 42.

## 51. Münster – Baumberge – Stevertal – Billerbeck – Darfeld – Eggerode – Horstmar – WB Hs. Alst – Laer – Münster

[96 km]

Wie unter Nr. 48 bis Hf. Grotthoff (nach Passieren des Nonnenbachtales oberhalb Nottuln). Ab Hf. Grotthoff r. durch die Hanloer Mark – ca. 3,5 km harter Landweg bis Hf. Fliß. Hier l. – nach 600 m auf der Umgehungsstr. l. und gleich wieder r. an der Kolvenburg (Kultur-Pflegestätte) vorbei nach **Billerbeck.** Ab hier mit Wanderstrecke x 12 vorbei an Johanniskirche, Ludgerusdom, Ludgerusbrunnen – durch die Bsch. Gantweg über die Bahn hinweg auf schönem Waldweg zum WH/H **Weißenburg.** (Ab hier direkter Weg – 3,5 km – Wanderstrecke x 12 – durch prächtigen Buchenwald zum Schloß Darfeld.) Auf der Ldstr. – mit schönen Weitblicken über die Umgebung von Schloß Darfeld hinweg – nach 800 m r. und mit der ersten Möglichkeit l. in das Waldgebiet, das parallel zur Ldstr. liegt. In gemütlicher Talfahrt wechseln Wald und Flur in gerader Ri. auf ca. 2,2 km einander ab. Nach Einmündung in Ldstr. r. über die Bahn, dann gleich l. in den Mohnweg und mit diesem nach 600 m in die bezaubernden **Schloßanlagen von Darfeld.** Den Weg geradeaus mit Linksdreh – und Blick

über die Schloßgräfte hinweg zur Oberburg wählen; an der alten Schloßmühle vorbei. In Höhe der Zufahrt zur Oberburg geht r. der Weg ab in nordwestl. Ri. – endet nach 600 m an der Ldstr. Osterwick–Darfeld. Diese queren und 2 km Ri. anhalten am Hf. Beilmann vorbei – durch die Bsch. Geitendorf – O: Hf. Schepers – zum Wallfahrtsort **Eggerode**. (Von Schloß Darfeld bis hier etwa 6 km.) Von Eggerode in östl. Ri. (auch Teilstück der Aa-Vechte-Tour) über den Burloer Bach – im Linksdreh über die Ldstr. Schöppingen–Darfeld – weiter geradeaus – O: Hfe. Webers und Höing; danach l. und nach 400 m r. am Hf. Börsting vorbei, nach **Horstmar** (Stadt der Burgmannshöfe mit mittelalterlicher Romantik). Ab Horstmar – Fahrradweg entlang der Str. nach Steinfurt. Dann r. und nach 300 m l. – im R.-/L.-Dreh bis Hf. Hüwe, hier r. ab über die Bahn und nach 300 m r. zur **WB Hs. Alst** (Niederl. Renaissance, Priv.). Ab hier im Rechtsdreh weiter und nach 500 m l. zur L 550 Laer–Steinfurt – O: Hf. Husmann. Hier r. und 3 km auf der Ldstr. nach **Laer.** Von Laer in südl. Ri. 1,2 km im R.-/L.-Dreh – am Hf. Schulze-Vowinkel vorbei – zur Ldstr. Auf dieser r. nach **Holthausen.** Ab Ki. in östl. Ri. – mit O: Hfe. Stegemann und Krampe, an diesen vorbei, dann r. und nach 1,5 km über die Hohe Aabrücke – nach 1 km l. auf die L 506 – bis zum Anschluß an die Nr. 31 nach Münster.

### 52. Münster – Billerbeck – Darfeld – Osterwick – Legden – durch Die Bröcke – (Stadtlohn) – Vreden – Zwillbrocker Venn – Ahaus [122 km]

Bis **Wasserschloß Darfeld** wie unter Nr. 51. Ab hier 600 m westl. Ri. – O: Hf. Wellen – hier 700 m l. – dann r. 2 km im Rechtsdreh durch die Dorfbauerschaft Netter – auf der Ldstr. r. und wieder l. am Hf. Telger vorbei nach **Osterwick.** In Osterwick Str. nach Holtwick. Nach 700 m r. einbiegen; nach 1,2 km am Hf. Hasselkamp scharf l. zur Ldstr. Osterwick–Asbeck (r.), auf dieser 300 m l. und dann r. in den Weg zur Bsch. Horst einbiegen. Die Ri. 2,7 km anhalten – O: Hfe. Haardt und Eynck; nach 2,7 km, 300 m nach Hf. Eynck, in der scharfen Rechtskurve l. den Feldweg in nordwestl. Ri. nach **Legden** (schönes Dahlien-Dorf). In Legden Ri. Bf. Nach 600 m die Gleise queren; nach 300 m WB **Hs. Egelborg**; ab hier in südwestl. Ri. 1,2 km in die Bsch. Beikelort – O: Hf. Jesing; hier r. über den Querweg hinweg, weiter geradeaus, dann r./l. zum ND (Dicke Eiche) (Mittelpunkt des schönen großen Waldgebietes **„Die Bröcke“,** geruhsamer Aufenthalt und längeres Verweilen lohnt). Ab ND westl. – dann l. und auf dem nächsten Querweg r. – die Ahauser Aa queren und halbl. über die Bahn hinweg (O: WH) Ri. anhalten, dann l. und nach 2,5 km im Rechtsdreh durch das Lohner Brook (Schlachtfeld/Blutfeld 1634). In Höhe von Hf. Voßkamp zur B 70 – diese queren – Bsch. Hengeler – O: Hf. Kötting; hier r. bis Hf. Bügers; an diesem scharf l. – Weg 4 km durch eine stimmungsvolle und abwechslungsreiche Wald-, Weide- und Ackerlandschaft auf dünnem Sand- und Torfboden mit kleinen und größeren Gehöften – durch die Bsch. Kleinemast am Hf. Wansing vorbei nach **Vreden** (historische Stadt, seit dem 9. Jh.). Ab Vreden auf der Str. zum deutsch-holländischen Grenzübergang Gaxel, hinter der ehem. Ziegelei r. einbiegen in die Bsch. Gaxel – O: Hfe. Früchting und Overkamp – durch die Ellewicker Mark; nach 8 km kurz vor dem NSG **Zwillbrocker Venn** r. und nach 1,5 km l./r./l. – am NSG entlang mit Rechtskurs durch Zwillbrock zum Grenzübergang nach Holland.

**Zwillbrock-Ahaus:** Ab Zwillbrock/Zwillbrocker Venn etwa 5 km zurück bis in Höhe des Altersheims. Hier r. ab Ri. Hf. Becker, dort l. durch das Gaxeler Feld – O: Hf. Göring – vor der Landesgrenze l., Str. Vreden–Winterswijk queren – O: Hf. Kuhmann; in leichter Linkskurve vorbei am ND „Norbertstein“ – dann r. bis Ldstr. („Baumwollstraße“). Hier r. und sogleich am Kriegerdenkmal l. – 2 km bis Str. Vreden–Stadtlohn. Auf dieser r. – parallel zur Eisenbahn. Nach 1,5 km l. über die Bahn hinweg – O: Hf. Bockwinkel (in Hofnähe alte sächsische Wallburg „Hünenburg“). Weiter über die Berkelbrücke bis Ldstr. – dann r. – O: Hf. Rietfort (l.) bis Schule Bsch. Hengeler. Hier l. – O: Hf. Kötting. Weiter nördl. radeln – nach 600 m Str. Vreden–Stadtlohn; auf dieser r. und nach 1 km vor der B 70 l. durch die Bsch. Wendfeld und Barle nach **Ahaus.**

In den Baumbergen liegt das Wasserschloß Darfeld →
mit seinem prachtvollen Park

## 53. Münster – Gremmendorf – Angelmodde – Wolbeck – Münster [25 km]

Münster Hbf. – r. durch die EU Hamburger Str. – Bremer Str. queren und l. am Verlagshaus Aschendorff (r.) vorbei r. in die Schillerstr. (Fahrradstr.!) – Hansaring queren (l. Hansaschule) – über den Dortmund-Ems-Kanal – Umgehungsstr. queren und dahinter gleich halblinks – an der Kleingärtneranlage Lütkenbeck vorbei – in das Laubenpättken nach Hs. Lütkenbeck. Dieses l. umradeln und dem Weg r./l. folgen bis zur Schmittingheide. Hier r. – vorbei am Jugend-Verkehrsgarten – und gleich wieder l. – EU – dahinter r. und mit dem nächsten Weg l./r. durch den Wald – Str. vorsichtig queren und geradeaus weiter durch den Wald nach KW Sebon. Diese nach r. umradeln und im R.-/L.-Dreh – über den Loddenbach – auf dem Feldpättken zum Gremmendorfer Weg. Geradeaus weiter in den Rad-/Fußweg – Str. Klosterbusch – Böddingheideweg queren – weiter geradeaus auf dem Rad-/Fußweg und danach im sanften Rechtsdreh zum Angelmodder Weg. **Gremmendorf** Ortsmitte r. lassen – l. einbiegen auf den Radweg – nach 400 m beim Hf. Vornholt r. – vorbei an der St.-Hubertus-Reithalle dem Weg folgen bis zur Homannstr. Hier auf den gegenüberliegenden Fahrradweg und r. weiter bis Str. Vogelrohrsheide; mit dieser l. in den Ortsteil Angelmodde West bis Str. Am Schütthook. Wieder l. bis Theodor-Heuss-Str. – r. und danach auf der Eichendorffstr. l. zur Schule. Den Rad-/Fußweg weiter geradeaus Ri. Werse und l./r. über das Burgschemm (Radfahrer-/Fußgänger-Brücke) in die Gallitzinstr. im Stadtteil **Angelmodde**. Gleich r. in die Uferstr. – Vorfahrtsstr. queren – weiter bis Brandhoveweg; hier l. – vorbei an Sportplatz/ Hallenbad (l.) und vor der Bahnlinie r. – an ihr entlang – am Schulzentrum vorbei – auf dem gepflasterten Patt bis zur Hiltruper Str. – dann l. zur Ortsmitte **Wolbeck** (WB [Museum], Bes. v. Merveldt). Zurück nach Angelmodde (WH Hoffschulte) über die Münsterstr. bis Kreuzung Am Borggarten/Eschstr. – diese l. einbiegen und immer geradeaus durch die schöne Feldflur. Von WH Hoffschulte Pättken zur alten roman. Ki. mit Grabstätte der Fürstin v. Gallitzin. Von der Ki. auf den Angelmodder Weg; diesen l. und nach 200 m r. in die Str. Alter Postweg – über die Angel und auf diesem Weg 1 km bis zur Straßenkreuzung Münster–Wolbeck. Hier nach l. – gleich wieder r. einbiegen und über die L 793 nach Everswinkel hinweg in die Str. Alter Mühlenweg. Nach ca. 3 km durch schöne Wald-/Feldflur bis Hs. Vehoff – hier scharf l. in die Str. Pleistertimpen – über die Werse hinweg und l. am WH Pleistermühle vorbei in gerader Ri. auf den Pleistermühlenweg – Mondstr. queren – über den Kanal hinweg – nach Münster.

**54. Münster - Gimbte - Greven - Kroner Heide - Bsch. Pentrup - Greven - Max-Clemens-Kanal - Münster** [52 km]

Vom Nordplatz über die Wienburgstr. – KW und H Wienburg – bis Bröderichweg; r. (an Hs. Bröderich vorbei) auf der Str. Zum Rieselfeld – Ri. Coerde – über die Bahngleise hinweg l., weiter auf der Str. Zum Rieselfeld, am Bahndamm entlang bis Str. Coermühle, auf dieser r. über die Bahn weiter, und – O: Hf. Messing und WH Heidekrug – nach 3 km durch die Gelmer Heide bei Kreuzung mit dem Hessenweg l. (oder davor schon l. über die Str. Wöstebach zum Hessenweg) durch die Rieselfelder mit lohnenden Abstechern nach **Gimbte.** Von hier wie unter Nr. 23 bis **Greven** – r. ab Str. nach Hüttrup, B 481 queren, nach 600 m l. ab durch die Bschn. Wentrup und **Pentrup** mit Linksdreh zur Ldstr. Greven–Saerbeck. Hier am Hf. Gr. Glanemann die Ldstr. queren – O: Hf. Lehmkul – nach 1,5 km in der Merschheide scharf l. – O: Hfe. Kokenbrink, Albertmann – hier weiter Ri. ca. 2 km anhalten; O: Hf. Winkelmann – hier r. die B 481 überqueren und nach 600 m l. durch die Wentruper Berge – nach Überqueren der B 219 – auf Greven zu. In **Greven** Bahnhofstr. – Gleise der Bahn queren – l. ab durch die Dansenbörger Heide – WH Gronenburg – WH Vosskotten am ehem. **Max-Clemens-Kanal;** hier l. – an WH Renfert („Hölt'ne Schluse") vorbei – weiter auf der Str. Am Max-Klemens-Kanal – Ortsteil Kinderhaus – zur Stadtmitte.

**55. Saerbeck - WB Surenburg - Emsdetten - Münster** [58 km]

(Von der Tour Nr. 54 aus Anschluß nach Saerbeck.)

In **Saerbeck** Str. nach Ibbenbüren 500 m nach l. verlassen – gerade Ri. durch Wald-, Forst- und Wiesenlandschaft etwa 5 km anhalten bis Birgter Feld; am Ende der moorigen Haverforths-Wiesen l.

abbiegen und in nordwestl. Ri. bis Hf. Rüter. Hier l. und nach 600 m r. und im Linksdreh an Hfn. Löbke und Alte Bornholt vorbei zur Str. Riesenbeck (r.) – Emsdetten (l.). Auf dieser l. und nach 500 m r. zur **WB Surenburg** (Bes. Constantin Frhr. Heereman v. Zuydtwyck). Ab Schloß r. am Schloßhotel (WH/H) vorbei – dann r. und nach Überqueren der Bevergerner Aa l.; nach 1 km den alten Postweg queren und weiter 1,5 km bis L 590. Auf dieser 500 m bis WH Hillebrand. Hier l. abbiegen und nach 1 km im Rechtsdreh am Hf. Karlsburg vorbei – nach 500 m scharf r. einbiegen und mit O: Hf. Plagge ca. 3,5 km durch das Veltruper Feld. Am Ende, am Hf. Schulte-Veltrup, die B 475 queren, nach 500 m WH und nach weiteren 500 m über die Ems – Fußgängerbrücke. Links ab durch die Bsch. Isendorf – Hf. Hanhoff – nach **Emsdetten**. An der Kreuzung orientiere man sich am Ri.-Schild Ibbenbüren und wähle den Radweg an der Str. entlang zur nahegelegenen Altdeutschen G. Waldesruh (Emsdetten–Surenburg 18 km). Ab Stadtmitte Emsdetten die Neubrückenstr. – hinter der EU schräg r. in den Hemberger Damm – auf diesem ca. 6 km geradeaus und 200 m vor Hf. Averbeck l. ab – im Rechtsdreh nach 1,2 km nach **Hembergen.** Hier r. über die Ems und in der Merschheide wieder Anschluß an die hier in spitzem Winkel einmündende Tour Nr. 54.

### 56. Münster – Telgte – Vechtruper Heide – Einen – Warendorf – Freckenhorst – Everswinkel – Münster [68 km]

Bis Telgte wie unter Nr. 10. Ab **Telgte**/Marktplatz in die Emsstr. – dann l. über 3 Emsbrücken – r. Ri.-Schild Milte – nach 400 m l. in den Milter Weg – über die Umgehungsstr. hinweg – nach etwa 800 m Krankenhaus „Maria Frieden". Nach diesem r. einbiegen – nach 500 m Ldstr. nach Einen l. und diese nach 500 m nach r. verlassen – O: Hf. Dieckmann. Im Linksdreh durch abwechslungsreiche Landschaft – den Wirtschaftsweg 4 km anhalten bis Dorf **Einen.** Hier r. über die Ems – nach 500 m l. – nach 600 m vor Hf. und Mühle Drügemöller r. – nach 600 m l. – ca. 4,5 km auf dem alten

Urwüchsige Flußlandschaften entdeckt man noch an Werse und Angel →

Münsterweg an den Hfn. Schulze Roberg und Afhüppe-Piepenhorst vorbei nach **Warendorf.** Ab Stadtmitte zum Freckenhorster Tor – über die Bahn hinweg und dann r. in die Zumloherstr. – weiter in die Waterstraot; nach 2 km am Hf. Brinkmann r. und gleich wieder l. und in gerader Ri. 2 km durch schönes Waldgebiet nach **Freckenhorst** (Stiftskirche 11./12. Jh.). Ab hier Str. nach Hoetmar; nach 1 km in Höhe Hf. Löckmann r. ab in die Bsch. Gronhorst – Weg 2,2 km anhalten – 300 m vor Hf. Lohmann l. (Wege durch den Staatsforst in diesem Bereich gesperrt) und nach 1 km r. – über den Mussenbach – am Hf. Hengemann vorbei – weiter 1,5 km durch den Staatsforst bis zur Ldstr., dort r. – 2 km – nach **Everswinkel** (Geburtsort des Bekennerbischofs Brinkmann). Ab Ki. in nordwestl. Ri. 4 km durch die Bsch. Erter und durch den Heidbusch – vorbei an Raestrupskotten zum Hf. Raestrup (Bes. Tyrell). Hier l. und nach 1 km r. ab auf den alten Münsterweg und auf diesem l. bis L 811 Telgte (r.)–Alverskirchen (l.); darüber hinweg weiter und nach 1,5 km auch L 585 Telgte–Wolbeck queren; halbl. weiter und mit dem R 1 weiter – beim Wegweiser l. in den Waldweg und im R.-Dreh bis Hf. Farwick – hier l. (Mit dem ersten Abzweig l. danach kann man – der rot gestrichelten Route folgend – über den aufgefüllten Graben und durch das Wäldchen und den mit Törchen versehenen Weideweg in die **Bsch. Kreuzbach** und zur Tour 44a gelangen.) und am Hf. Eggert vorbei durch die Bsch. Kasewinkel – am Hs. Vehoff die Str. Alter Mühlenweg queren und weiter wie unter Nr. 3 über die Werse hinweg – WH Pleistermühle – zur Stadtmitte.

### 56a. Everswinkel – Hoetmar – Enniger [18 km]

Ab Everswinkel mit der Nr. 56 bis Hf. Hengemann. Am Staatsforst r. und wieder r. in südl. Ri. – O: Hf. Krumbeck; weiter in gerader Ri. bis zum Umformer, scharf l. bis Hf. Growe, dort r. durch die Dorfbsch. bis zur K 20 Everswinkel–Hoetmar. Auf dieser in den Ortsteil **Hoetmar.** Rechts oder l. um die Ki. – und auf der Hauptstr. den Ort in südl. Ri. verlassen – an der Fabrik vorbei bis in Höhe Hf. Raude-Roberg. Dort r. – O: Hf. Bettmann – weiter halbl. – über den Ohrbach – 100 m vor der K 6 am Waldstück scharf l. – L 547 Freckenhorst–Ahlen queren bis Hf. Schulze Balhorn, dort r. abbiegen – O: Hf. Lohmann – nach **Enniger.**

**57. Warendorf - Greffen - Sassenberg - Warendorf** [26 km]

Ab Warendorf am Nordrhein-Westfälischen Landgestüt vorbei – B 475 nach Sassenberg – diese nach 1,2 km mit dem R 1 r. verlassen – Hf. Bäumker an der Ems – hier Ri. nach Greffen – Heide, Ödland, Sand, Mischwald – O: Hfe. Sparenberg, Friemann und Schwermann – **Greffen** (Warendorf – Greffen 12 km). Ab Greffen zunächst die B 513 Ri. Sassenberg. Am Hf. Old Farnhaus r. und im Linksdreh geradeaus über den Teufelsbach – 1 km danach bei Hf. Ostlinning l. und nach 1,5 km bei Hf. Krüllmann r. – nach 400 m l. – vorbei am Hf. Jüttner wieder auf die B 513 und nach 300 m r. – O: Hf. Eggersmann – durch den Tiergarten – meist Schlängelpatt – bis **Sassenberg.** Ab Sassenberg Vohrener Str. – Tatenhauser Weg und auf diesem ca. 4 km – vorbei am Gestüt Winkler – nach **Warendorf.**

**58. Münster - Telgte/Krankenhaus „Maria Frieden" - Vechtruper Heide - Hörster Mark - Kloster Vinnenberg - Milte - Einen - Münster** [66 km]

Bis Krankenhaus „Maria Frieden" wie unter Nr. 56. Danach gerade Ri. durch Wald und Heidelandschaft der Vechtruper Heide – etwa 3 km – O: Hf. Wickensack. 200 m danach auf der Str. l. und gleich r. 1,3 km durch landschaftlich schönes Gebiet der Harkampsheide. Am Ende l. – am Hf. Grawinkel und schönem doppelseitigen Bildstock vorbei und im Rechtsdreh auf der alten Miltener Str. durch die **Hörster Mark**. 3,8 km nach Hf. Grawinkel in Höhe von Hf. Lütke-Beckmann harte Str. queren und weiter im leichten Rechtsdreh; nach 1,5 km am Hf. Schöne l. über die Beverbrücke – Hf. Schulze Heuling vorbei – danach r. auf die Str. Ostbevern (l.)–Warendorf (r.) und mit dieser im Rechtsdreh nach 2 km zum Zisterzienserkloster **Vinnenberg.** Von WH Vinnenberg weiter zur Str. nach Milte. Auf dieser r. und gleich l. mit O: Hf. Baumhöver. Hier r. durch die Milter Mark, im sachten Linksdreh durch eine abwechslungsreiche Acker-, Weide- und Waldlandschaft; nach 2 km – in der Bsch. Ostmilte – r. und am Hf. Gausepohl vorbei nach **Milte.** In Milte Str. nach Telgte – 200 m hinter dem Hf. Schulte Wien scharf l. über die Hessel; dann mit Rechtsdreh, der Wanderstrecke x 20 nach, durch die Velsener Mark in die mit viel Wald und Grün bestandene

Bsch. Bockolt. Nach 2,2 km l., nach 800 m r und nach 400 m wieder r. und weiter über die Hesselbrücke auf der Velsener Str. nach **Einen.** Hier Anschluß an unsere Tour Nr. 56 rü. über Telgte nach Münster.

**59. Freckenhorst – Enniger – Vorhelm – Ahlen** [27–30 km]

In Freckenhorst Str. nach Westkirchen – diese am Stadtrand nach r. verlassen in die Gemarkung Nordfeld. Nach 2,3 km vor Ponyhof Schulze Niehues r. und nach 500 m l. und im sachten Rechtsdreh 2,2 km geradeaus durch die Bsch. Buddenbaum; dann l. und nach 800 m r. und 5 km in südl. Ri. durch die Bsch. Beesen – O: Hfe. Austermann, Westermann, Tillkorn und Möllenhoff. Hier r. und nach 1 km am Hf. Söbke l./r. – nach **Enniger.** Ab Enniger – am Ostrand des Dorfes – Siedlung – beim Sägewerk Bockey (Hauptstr.) r./l. – dann r. über die Bahn – Ri. 500 m anhalten (über die Ldstr. hinweg); dann l. in den schönen Waldweg zum Wasserschloß **Hs. Vorhelm** (Bes. Erbdroste zu Vischering). Ab Schloß führt ein stilles Pättken zum Dorf **Vorhelm.** (Hinweis: Etwa 3 km entfernt von der Dorfmitte ist über den Schäringer Weg der Wibbeltsche Hof zu erreichen, der mit Kapelle eine Erinnerungsstätte an den großen plattdeutschen Dichter-Pastor Augustin Wibbelt, 1862–1947, ist.) Ab Vorhelm Str. Dorffeld – an der Hellbachhalle vorbei – entweder auf dem breiten Radweg 5 km an der Ldstr. entlang nach Ahlen; oder – landschaftlich schöner –: nach 1,5 km – hinter Hf. Kraß – r. und dann im Linksdreh – O: Hfe. Hagedorn und Steltig – nach 500 m r. – am Hf. Schulze Hörsel vorbei nach **Ahlen.**

**60. Sendenhorst – Ahlen – Beckum** [26 km]

Ab Sendenhorst Str. Ahlener Damm – Str. Treiberweg – in Höhe Schulze Hörstrup r. – nach 1,5 km im R.-/L.-Dreh scharf r. – Ri. 2,2 km anhalten – O: Hf. Austermann. Am Hf. Suthoft r./l. – am Hf. Wissling vorbei – nach 1,2 km scharf r. und am Hf. Büttendorf sofort wieder l. Nach 2 km über die Wersebrücke und l./r./l. weiter – an Hs. Seppenhagen vorbei – nach **Ahlen.** Ab Ahlen am Krankenhaus sich zur Werse orientieren. An der Südseite des Flusses führt ein schön angelegter Fuß- und Radweg durch eine mit Laubwald und Ackerfläche durchsetzte Niederung nach **Beckum** (Hammer Str., Nähe St.-Martins-Ki.).

**61. Sendenhorst - Enniger** [16 km]

Ab Sendenhorst Stadtmitte zum Osttor – hier auf den Schörmelweg – Str. Am Mengelberg – r. abbiegen und dem gezeichneten Wanderweg Schörmel nach – O: Hf. Horstmann – am Rückstaubecken vorbei – dann scharf r. – Wirtschaftsweg zum Gut Roeper ca. 2 km geradeaus – vor der Bahnlinie l. – über die Angel hinweg – in nördl. Ri. Nach 1,6 km r. und im sanften Linksdreh über den Vossbach – an schönen Fachwerkhäusern vorbei – dann scharf r. und 1,5 km durch die Bsch. Wessenhorst – O: Hf. Künne. 400 m weiter r./l. – O: Hfe. Richter und Westenhorst – südl. Ri. anhalten; nach 1,5 km über die Bahn – dann l./r./l. weiter – O: Hf. Huster – über die L 547 hinweg – mit dem Radweg nach **Enniger.**

**62. Haltern - rund um den Stausee:**

**a. Haltern - Nordufer - Südufer - Haltern**
**bzw. Haltern - Südufer - Nordufer - Haltern** [10 km]

**Ri. Nordufer–Südufer:** Ab Bf. Haltern oder Stadtmitte - über die B 58/51 hinweg durch die Sixtusstr. - nach 1 km r. über die Bahn - nach 600 m früheres WH Stadtmühle (Hafen und Anlegestelle für priv. und öff. Schiffsverkehr). Hier r. auf dem für den Kraftverkehr gesperrten, ca. 2,5 km langen **Nordufer-Waldweg** (mit Abstechern in den Stadtforst) zur Ldstr. Sythen (l.) – Flaesheim (r.). Unterwegs Ruhebänke und schöne Aussichten. Links JH. Auf der Ldstr. 500 m r. - über die Steverbrücke (Schiffsanlegestelle und Bootsverleih). Hier r. in den Rad- und Fußgängerweg am **südlichen Ufer** entlang (etwa 4 km) bis Haltern. (Unterwegs WH Seehof; Hauptanlegestelle für Schiffs-Rundfahrten.)

**Ri. Südufer–Nordufer:** Ab Bf. Haltern entlang der Eisenbahn bis Hullerner Str., r. über kombinierten Fuß-/Radweg bis WH Seehof. Hier l. über den Uferweg bis Alter Garten. Hier l. ab – am Bootsverleih vorbei - bis WH Sonnenschein. Dem Seeufer folgen bis Stadtmühle - hier l. in Ri. Haltern.

### b. Haltern – Südufer – Heimingshof – Hullerner Stausee – JH – Nordufer – Haltern [20 km]

Ab Bf. Haltern entlang der Eisenbahn bis Hullerner Str., r. über kombinierten Fuß-/Radweg bis WH Seehof. Hier l. über den Uferweg bis Alter Garten, weiter an der Stever entlang bis WH **Heimingshof.** Dahinter (s. Bild) weiter an der Südseite des **Hullerner Staubeckens** entlang bis zur Sandgewinnung – hier l. über die Stausee/Steverbrücke brücke bis zum Seppenrader Landweg. Nach r. Abstecher zur Emkumer Mühle. Zurück den Seppenrader Landweg entlang bis **JH** Haltern. Links Ri. Stausee, weiter und wie unter Nr. 62a nach Haltern.

### 63. Haltern – Sythen – Teichmühle – Prickingshof – Sythen – Uphusen – Haltern [19 km]

Bis Stadtmühle wie unter Nr. 62a. Ab hier weiter l. nördl. durch den Stadtforst (Jugend-Zeltlager) nach **Sythen.** Vor der Bahn Ldstr. queren und durch den bewaldeten Linnert mit sachtem Linksdreh – an der Wochenendsiedlung vorbei – zum Bahnübergang **Teichmühle.** (Von hier 2 km bis Hausdülmen.) Ab Teichmühle 200 m jenseits der Bahn am WH l. – an den Quarzwerken vorbei – durch die Schmaloer Heide – **Prickingshof** – durch den Ort **Sythen.** Ab hier über das Dorf **Uphusen** an den Baumschulen Schulte Nover vorbei nach Haltern.

### 64. Haltern – Stadtforst Sundern – (Lochtrup) – Granat – Hülstener Heide – Merfeld – (Coesfeld) [23 km]

Haltern Bf./Stadtmitte – zur Holtwicker Str. – diese bis Kreuzung mit Birkenstr. – hier r. in die Sundernstr. – das sechsgeschossige

Auch schöne Radwanderwege gibt es um den Halterner . . .
. . . und den Hullerner Stausee

Haus r. lassen. Nach 1,5 km AU – danach in den Stadtforst Sundern – O: am WH vorbei zwischen Lünzum und Hennewig hindurch – Hf. Leineweber. (Ab hier zurück nach Haltern: r. ab – die Str. Lavesum [l.]–Haltern [r.] queren – unter der AB her – durch das Waldgebiet Uphuser Mark und Dorf Uphusen mit Rechtsabzw. nach Haltern, wie unter Nr. 63.) Ab Hf. Leineweber weiter – am Hf. Schniggendiller vorbei zur Ldstr.; auf dieser 600 m l. (r. nach **Lochtrup**) – Bsch. Ontrup – r. am WH Ketteler Hof (Sommerrodelbahn, Ponyhof) vorbei im Linksdreh über sandige Waldwege hinauf und wieder hinunter bis zur festen Str. – hier l. nach **Granat** (Wildgehege und WH). (Weniger beschwerlich kommt man hierhin mit der in der Karte gestrichelten roten Linie und dem R 27.) Ab hier 1,7 km in nördl. Ri. durchs NSG Hülsterholt – danach r. 2,5 km am Truppenübungsgelände entlang – dann l./r. weiter – am Hf. Eiling vorbei – 1,5 km in östl. Ri.; r. halten – durch die **Hülstener Heide** den Wiesen-/Feldweg oder nördlich die Teerstraße mit dem Paddestoel F 1 Maria Veen (Ri. l.) – nach 1,5 km am Torfvennteich r./l. – über den Heubach durch die Bsch. Esphorst – in gerader Ri. ca. 4 km – vorbei an den Hfn. Frerick und Göckener – nach **Merfeld.** (Hier Anschluß an Nr. 65.)

### 65. Dülmen – Merfeld – Lette – Coesfeld – Hs. Loburg – Legden [38 km]

In Dülmen Borkener Str. – l. ab in den Hinterkingsweg zum Eingang Wildpark – O: Forsthaus. Hier weiter halbl. durch die AU zum WH Waldfrieden. Weiter geradeaus durch die Middelers Heide – nach 500 m r. und nach 200 m dann l. – O: Hf. Düpmann – die Lavesumer Str. queren und weiter zum Wildpferde-Dorf **Merfeld.** (Hs. Merfeld, Bes. Herzog v. Croy.) (Empfehlung: Das Wildpferdegehege mit Wildpferdebahn liegt l. an der Borkener Str.; den Zugang erreicht man nach ca. 4,5 km.) Ab Merfeld am Feuerwehrhaus vorbei – Dorfstr. – Ri. Bf. (unterwegs Freizeitgelände). Weitere O: Hfe. Strukamp und Roters. In Höhe von Hf. Hummelt (l.) r. über die Bahn und – bei guten Wegeverhältnissen – der Bahn entlang das Pättken nach **Lette.** (Bei ungünstigen Verhältnissen: 700 m nach dem Bahnübergang am Hf. Schulze Bisping l. den Wirtschaftsweg nach Lette.) Ab Lette Str. nach Coesfeld – hinter der Kreuzung Gabelung nach l. – an der Windmühle vorbei – in die Bsch. Kalte. Hier l. über die Bahn und gleich r. und nach 500 m l. Ri. Bahn – Hf. Steenberg bleibt r. – EU – weiter 1 km in gerader Ri. durch die Bsch. Herteler am Hf. Wienbrok vorbei – dann Abzw. nach r., entweder durch den Hohlweg oder über das nebenan führende Pättken bis Hf. Althof. Nach Hf. Althof halbl. über die Bahntrasse – durch Wald-/Feldlandschaft – vorbei an Hf. Rüping (Heimathof des verdienstvollen Heimatfreundes Stadt- und Amtsbürgermeisters Dr. August Kaup-Rüping von Lüdinghausen – bis 1945 [†]). Weiter nach Flamschen (mit Waldbühne). (Hier erfrage man das Geburtshaus der Anna Katharina Emmerick an der Rekener Str.) Ab Flamschen mit dem ersten harten Weg r. und nach 300 m l. – die Adenauerallee queren zur Stadtmitte **Coesfeld.** Ab Coesfeld Borkener Str. – nach dem 2. Bahnübergang r. in die Loburger Str. – über die Adenauerallee hinweg – nah ca. 1 km Abstecher nach l. zur WB **Hs. Loburg.** Von hier zurück zur Str. Am WH Snieder-Bauland r. und nach 150 m l. durch die Bsch. Sirksfeld, durch eine schöne, mit Wald, Ackerland und Wiesen durchsetzte Niederung. Den Kreuzweg (Reitweg) queren – über den Felsbach nach der Haltestelle Forsthaus weiter – im Rechtsschwenk durch die Bsch. Gaupel bis in Nähe des Einzelgehöftes. Vor diesem l. – am Schuppen vorbei – bis Ldstr. Hier l. und nach 200 m r. durch weites Feld- und Wiesenland – O: Hf. Gottheil (r.) – L 571 queren – Bsch. Brook – nach 500 m erst l. – dann r. 1,5 km bis Ldstr. Auf dieser 500 m r. und dann l. – Bsch. Hegerort. In gerader Ri. – am Hf. Schulze Niehoff vorbei – ca. 3 km im leichten Gefälle durch Ackerlandschaft ohne Baum und Strauch. In Sichtweite l. Legden. Bahnlinie kreuzen – nach 2 km in **Legden.** (Hier Anschluß an Nr. 52.)

**65a. Dülmen – Wildpark – Hausdülmen – Dülmen** [16 km]

Ab Bf. Dülmen Eisenbahnstr. – über die B 474 zum Kapellenweg, die B 51 überqueren – Hüttendyk – r. in den Brokweg – dann l. durch den Vorpark bis zum Westhagen; l. in den Dalweg bis Hinderkingsweg und l. durch den **Wildpark** – AU – bis WH Hs. Waldfrieden – etwa 500 m in der Middelers Heide weiter bis zum übernächsten Querweg. Hier l. in südwestl. Ri. – nach 700 m erneut l. – die A 43 unterqueren und nach etwa 200 m r. durch die Allee bis zum Oedlerteich – dann l. bis **Hausdülmen.** Ab Hausdülmen die B 51 überqueren – entlang dem Heubach bis zur Borkenbergestr. – vorbei am WH Heidekrug und den Ferienhausgebieten – scharf l. in die Str. Immenheide – vorbei am WH Koppelsteen – bis zum Dernekämper Höhenweg; l. am Waldfriedhof vorbei – Bischof-Kaiser-Str. – B 474 – Eisenbahnstr. – Bf. Dülmen.

### 65b. Dülmen – Wildpark – Merfelder Bruch – Merfeld – Dülmen [34 km]

Bis Hs. Waldfrieden wie unter Nr. 65a. Danach 500 m geradeaus – dann l. einbiegen – nach 500 m r. in Ri. Merfeld – O: Hf. Wautmann – danach l./r./l. (etwa 3,5 km), dann r. und nach 600 m wieder r. – durch das Gebiet **Merfelder Bruch.** Weitere O: Hfe. Wesker und Gr. Westrich – zur Rekener Str. – weiter bis zur alten Pastorat – dann Ri. **Hs. Merfeld.** Hinter der Brücke l. – vorbei am Trimm-Pfad Merfeld – über die Bahn – nach 300 m l. nach weiteren 300 m r. – die B 474 queren, an der Stelle, wo das WH Waldmühle liegt – geradeaus bis zur Baumschule Rüskamp – r. entlang dem Baumschulengebiet bis zur früheren Schule Leuste; weiter durch die Sunderheide – Haverlandweg in Ri. Stadtmitte Dülmen bis zur Nordlandwehr – l. vorbei am Freizeitzentrum Nord (Freibad, Fahrradstation) – die B 51 queren – Ostlandwehr – Ostdamm – Bf. Dülmen.

### 66. Ahaus – Die Bröcke – Hs. Egelborg/Legden – Ahaus [22 km]

Ab Ahaus Fahrradweg entlang der B 70 bis Krankenhaus. Hier l. und sofort wieder r. – entlang einer Häuserzeile – in die freie Eschlandschaft; Ri. Quantwicker Mühle – l. abbiegen in Ri. Bf. Quantwick – O: Hfe. Schulze Schwering und Lefert. Über die Bahn hinweg und beim WH Voss halbl. – den Gescher Damm queren – nach 300 m r. ab durch den schönen Waldkomplex **Die Bröcke.** Man folge dem x-Zeichen der Wdstr. 10 – im Rechtsdreh nach ca. 2 km den Hinweis nach l. ND „Dicke Eiche“ beachten. Ab hier wie unter Nr. 52 den Weg zurück bis WB **Hs. Egelborg** bei Legden. Ab Hs. Egelborg an der Vorburg vorbei – geradeaus in nordwestl. Ri –

O: Hf. Rohling. Vor dem Wald – am Wartehäuschen – r. durch den Wald ca. 2,5 km bis Ammelner Brook – O: Hf. Schwieters. Davor r. die Anhöhe radeln – über die Bahn hinweg – WH Enning (Barriere) – die B 474 queren – Bsch. Ammeln – in Höhe von Hf. Hartmann im spitzen Winkel l. (Dreiländer-Grenzstein) Ri. Schulze Ameling; hinter dem Wald r. – O: Hf. Vollmer – und dann l. ab nach Ahaus.

### 67. Ahaus - Heek - Epe - Gronau - Epe - Alstätte - Wessum - Ahaus [79 km]

Ab Ahaus Bahnübergang Schöppinger Str. – durch das Industriegelände zur Ammelner Kapelle – Ri. Heek – vorbei an den Hfn. Herick und Dennemann-Wülfinghoff; hier l. ab durch das Ahler Esch zur Schule Ahle 1, dann r. durch die Südahler Mark – l./r. über die AB-Brücke – 500 m danach wieder r. und weiter im leichten L.-Dreh nach **Heek.** In Heek die B 70 bis Bf. Heek. Am Gabelpunkt geradeaus in den „von Oerschen Wald“. Vor der (freigegebenen) AB r. und l. über die Brücke – dahinter r. ab durch die Bsch. Wichum – O: Hf. Gr. Böwing. Hier r. ab **(zu unserer Tour Nr. 67 gibt es ab hier auf ca. 4 km besondere Hinweisschilder – vgl. Bild)** – auf der Dinkel-/AB-Brücke l. hinunter auf den Radweg entlang der AB – l. weiter auf die feste Str. mit O: Hfe. Tillmann und Schulze Wext, 1,2 km danach spitzwinklig l. ab (Paddestoel) – vorbei an Hf. Gerking – 400 m nach erneutem Überqueren der Dinkel r. ab und im R.-Dreh weiter durch die Bschn. Langeseite und Brinkerhook – Ri. anhalten bis **Epe.** Ab Epe an der Pfarrkirche vorbei in nördl. Ri. – erste Str. l. ab bis zum Schulkomplex und zur Post; hier r. ab durch die Bsch. Eilermark und durch den östl. Stadtteil von Gronau – erst die B 54 – dann über die Bahn bis Gildehauser Str. Auf dieser r. – vorbei am Rühenberger Venn – zum Drieland (WH und Badesee). (Von hier lohnenswerte Abstecher in das Gildehauser Venn mit Endpunkten Gildehaus, Bentheim und Ochtrup. Am Grenzpunkt Nordrhein-Westfalen/Niederlande/Niedersachsen den Grenzstein „Drielandsteen“ [1659] beachten.) (**Gronau** – Stadtmitte – bis Grenzübergang Glanerbrück 5 km Radweg.) Zurück über Gronau/Epe Ri. WH Heidehof – an den Zollhäusern vorbei – weiter durch das wunderschöne Amtsvenn in Ri. Alstätte – O: Hf. Gr. Hündfeld – bis Str. Alstätter Brook–Enschede (in Nähe Zollhaus). An der Schule r. – O: Hf. Herker-Orthaus – hier über die alte Bahnlinie hinweg und über dem Rückstausee l. ab – im Rechtsdreh Ri. Gerwinghook; vor der Landesgrenze l. ab zur romantisch gelegenen Haarmühle (WH). Ab Haarmühle 2,5 km bis **Alstätte.** Hier an der Ziegelei Gr. Hündfeld r. und nach 3 km NSG Hörsteloe – O: WH Karpaten-Jans – und weiter l. WH Haus im Flör (hier gute Auskünfte für Abstecher in reizvolle Umgebung). Ab Haus im Flör O: Jammertal und Butenfeld. Weiter im Rechtsdreh – O: Hf. Döme – nach **Wessum.** Ab Wessum den schönen Radweg der Str. entlang nach Ahaus.

### 68. Ahaus – Stadtlohn – Ahaus [23 km]

Ab Ahaus Str. Vredener Diek – Fahrradweg – am Hf. Krefter vorbei und an den Wüllener Sportanlagen entlang. (Unterwegs Hinweis zum ND „Zum steenernen Krüß" beachten.) Im sachten Linksdreh nach 2,2 km zur Kreuzung der Ldstr. Ottenstein–Stadtlohn und Ahaus–Vreden, r. das Solmsche Denkmal. Geradeaus über die Kreuzung hinweg Ri. Vreden – nach 300 m l. einbiegen – O: Hf. Thesker (l.). (Links die Anhöhe hinan zur stimmungsvoll in die Landschaft eingebetteten Kriegergedächtniskapelle.) Weiter auf dem vorgenannten schönen Waldweg – l. der Barler Berg – Ri. ca. 5 km anhalten. Im leichten Linksdreh durch abwechslungsreiche, mit viel Wald durchsetzte Landschaft – O: Hf. Lütkenhaus. Unser Weg endet an der B 70 – diese queren und gegenüber in den Waldweg radeln. Nach 1 km Kreuzung Lohner Brook; hier r. Ri. Schule – nach 2 km an der Stadtlohner Wohnsiedlung l. ab – Ri. Düwing Diek – bis Nähe WH Eichengrund; hier r. über den Düwing Diek – über die Berkelbrücke hinweg (in der Nähe die Wallfahrtskapelle „Zum Hilgenberg") – nach **Stadtlohn.** Ab Stadtlohn über die vorgenannte Berkelbrücke radeln – vor dem Wegkreuz r. ab und im Linksdreh durch die Bsch. Almsick. An der Bahnstrecke entlang – O: Hf. Gr. Liesner – vorbei an Kuckucks Busch zur Str. Büren–Stadtlohn. Hier über die Bahn – nach 1 km l. ab – in der Rechtskurve nördl., den

Wirtschaftsweg in Ri. Bsch. Quantwick anhalten – O: Hfe. Schulze-Schwering und Lefert – und geradeaus weiter nach Ahaus.

## 69. Burgsteinfurt – Metelen – Nienborg – (Ahaus/Gronau)

[19 km]

Burgsteinfurt/Stadtmitte – Ochtruper Str. – nach dem Finanzamt l. Windstr./Brückenstr. – über die Bahngeleise in die Str. Sonnenschein – am Ende r. und gleich wieder l. in die Meteler Stiege (oder von der Str. Sonnenschein beim TÜV l. in die Str. Buschkamp und r. auf den Fahrradweg, die ehem. Kleinbahntrasse der WLE, nach 1,3 km Teilstück der Aa-Vechte-Tour, nach weiteren 2 km laufen die Wege wieder zusammen) und zwischen Baum- und Heckenbeständen hindurch, durch das Heide- und Sandgebiet der Metelener Heide – zum Vogelpark. Von hier weiter in westl. Ri. (150 m nördl. das ehem. Gogericht „Zum Sandwell", das größte Gogericht des Bischofs von Münster.) Unser Weg führt weiter an der Schwimmhalle vorbei zum Ortskern **Metelen** (Stiftskirche und ehem. Bfs.-Gebäude). Von hier weiter zur Schöppinger Str.; am Ortsende r. Hinweisschild auf Radweg nach Heek zur einen und nach Burgsteinfurt zur anderen Seite. Wir radeln nach Heek durch das Strönfeld, eine mit viel Buschwerk und Hecken durchsetzte Feldflur, auf einem Radweg, der streckenweise über die frühere Gleisanlage der Westf. Landes-Eisenbahn führt. Nach ca. 8 km am Hf. Sporkmann scharf r. und nach 300 m l. Nach 1,5 km die B 70, an der beidseitig Radwege nach Heek und **Nienborg** verlaufen. Nahe gelegen auch Hs. Wohnung. Hier im Gabelpunkt Anschluß an die Tour Nr. 67.

## 70. Burgsteinfurt – Wettringen – (Hs. Welbergen) – Ochtrup

[17 km]

Burgsteinfurt/altes Rathaus – Ochtruper Str. – am Finanzamt vorbei – nach 800 m die Bahn überqueren – sofort r. in die Bentheimer Str. – durch die Unterführung – weiter durch die Bsch. Sellen – nach 800 m an der Gabelung l. und nach 500 m r.; nach 200 m in schräger R. die Wegekreuzung queren (200 m l. von der Kreuzung ein WH und Reitschule). Weiter geradeaus – den Sellener Weg mit

Wiesen und Wallhecken bis **Wettringen.** Nach 4 km B 70, hier r. und nach 200 m l. in die Welbergener Str. einbiegen – nach 800 m scharf r. und nach 300 m im spitzen Winkel auf die ehem. Bahnstrecke (schön angelegter Rad- und Fußweg) und auf dieser 3 km nach Welbergen. (1,2 km westl. an der B 54 ein lohnender Abstecher: WB **Hs. Welbergen** mit WH Posthof.) Ab Welbergen/ Mitte l. über die alte Bahnstrecke und nach 200 m l. über die Vechtebrücke – in nordwestl. Ri. nach 1 km l. ab und mit dem x-Zeichen der Wdstr. 7 nach 3 km zur Töpferstadt **Ochtrup** (E/B).

### 71. Burgsteinfurt – Wettringen – Neuenkirchen – Rheine [24 km]

Ab Burgsteinfurt Ochtruper Str. in nördl. Ri. – am Finanzamt vorbei – hinter der Bahnlinie r. Bentheimer Weg – gleich wieder r. Str. Timmerkamp – U – weiter in nördl. Ri. – nach 3 km B 499 – auf dieser 1 km weiter – dann l. und nach 700 m r. – nach 1 km **Wettringen.** Ab hier Str. nach Ohne – über die Bahn geradeaus – nach 1 km am Kalkwerk r. und im L./r./l.-Dreh über den Bilker Berg – durch die Bsch. Andorf – nach 3 km über die Steinfurter Aa – im Rechtsdreh 6 km – O: Hf. Kiewe – nach **Neuenkirchen.** Ab Neuenkirchen/Mitte Str. nach Mesum – die Umgehungsstr. queren – nach 300 m halbrechts in den Wirtschaftsweg einbiegen – nach 1 km scharf l. – die K 66 queren – weiter in nordöstl. Ri. – dann r./l. über die Dutumer Str. – Frankenburgstr. – Lindenstr. – nach **Rheine.**

### 72. Burgsteinfurt – Leer – Horstmar [14 km]

Burgsteinfurt/Stadtmitte – Leerer Str. (der K 76 entlang führt ein schöner Radweg bis Leer) – nach 1 km bei Hs. Veltrup l. und 3 km in gerader Ri. durch leicht hügeliges Bauernland mit Wallhecken, Knicks und Buschwerk nach **Leer.** Ab Leer in südwestl. Ri. – Weg zum ND Jannings Quelle (R 29 und Schlösser-Route) erfragen. Ab hier auf dem Wirtschaftsweg weiter im Linksdreh – 2 km durch den

Diese alte Mühle (WH) am Eingang zum fürstlichen Bagno spiegelt → sich in der Gräfte von Westfalens größter Rundburg Burgsteinfurt

Wald. An dessen Ende scharf l. und nach 600 m scharf r. – 2 km durch das Herrenholz auf Horstmar zu. (Hier Anschluß an Nr. 51.)

**72a. Burgsteinfurt – Leer – Schöppingen** [10 km]

Bis Leer wie unter Nr. 72. Ab **Leer** Str. Zum Esch – am Ende der Siedlung r. in Ri. Schöppinger Berg durch die Bsch. Haltern. Nach 1 km die Ldstr. queren und weiter geradeaus mit R.-/L.-Schwenk durch den Wald – O: Hf. Rottmann. Ansteigend weiter über den Schöppinger Berg und talwärts – am ND Kapelle mit Baum vorbei – in gerader südwestl. Ri. nach Schöppingen (Rathaus, Ki.).

**73. Rheine – Haddorf – Rothenberge – Ochtrup** [20 km]

Rheine/Rathaus/Verkehrspavillon – Bahnhofstr. – EU – r. Lindenstr. – Frankenburgstr. – an der Zeppelinstr. r. – die Neuenkirchener Str. (B 70) queren – dann l. – auf der Wadelheimer Chaussee geradeaus – vorbei am WH Stockmann – an der Höhenstiege r. und im Schlenker durch die Bsch. Landersum (Kalksteinhöhenzug); nach 400 m die Str. Neuenkirchen–Salzbergen queren – nach weiteren 400 m sachter Linksbogen und nach 3 km **Haddorf,** Ortsteil von Wettringen. (Nach r. Abstecher zum Erholungsgebiet Haddorfer See, 2 km.) Dem Ri.-Schild Wettringen folgen – vor dem Hf. r. und nach 100 m l. zur Str. Wettringen–Ohne. Hier l. nach 500 m Str. queren und danach im sachten Rechtsdreh – nach 300 m über die Aabrücke – nach 250 m am Hf. mit Wegekreuz r. und weiter 1 km im Linksbogen in die Bsch. Bilk; auf der Str. Wettringen–Ohne l. – nach 400 m r. – über die Vechtebrücke – dann r. und nach 100 m scharf l.; Ri. 1,5 km mit zweimaliger Straßenüberquerung anhalten in die schöne Höhensiedlung **Rothenberge.** Man ist auf dem Fernwanderweg 7 des Westf. Heimatbundes, der von Gronau nach Mettingen mit einem x versehen ist und über Ochtrup–Rheine führt. Unterwegs geht es 700 m durch eine prächtige Eichen- und Buchenallee. Nach Einkehr im Informations-WH Hagenhoff weiter am Fuß des Rothenberges. Auf der Str. l. und bergan. Nach 200 m Einfahrt zum Landhaus Rothenberge der Westf. Wilhelms-Universität, das zur holländischen Berta Jordaan-van-Heek-Stiftung gehört.

Ein längeres Verweilen hier oben lohnt sich. Nächste O: WH Schulte-Sutrum. An der nächsten Str. r./l./r. durch Wald und Feldflur – nach 2 km r. und sofort wieder l. nach Ochtrup (E/B).

**74. Rheine – Mesum** [12 km]

(Die Strecke ist mit einem gelben Punkt vom Verkehrsverein Rheine e. V. gekennzeichnet.)
Ab Rheine/Verkehrspavillon – Lindenstr. – Frankenburgstr. – Sprickmannstr. – Felsenstr. – im gemütlichen Auf und Ab auf Schlenkerwegen durch Feld- und Waldplacken – durch die Bsch. Catenhorn – O: Hf. Schlatmann. Danach l. und Ri. anhalten durch den Ortsteil Hauenhorst nach Mesum (E/B).

**75. Rheine – Elte** [9 km]

(Die Strecke ist als Hermannsweg mit einem H gekennzeichnet.)
Ab Rheine/Verkehrspavillon – Bahnhofstr. – Emsstr. – vor der Emsbrücke r. – am Kettelerufer entlang bis Eisenbahnbrücke – dann über die Emsbrücke – dem Bahndamm entlang – r. EU – und nach 200 m l. in die Sandhövelstr./Heidackerstr. zur Ki. St. Konrad. Weiter durch den Wald bis Schwarzer Weg – dann r. ab durch die Gellendorfer Mark – vor dem Fichtenvenn r. und vorbei am Hf. Overesch zur Heiner Ldstr. – hier l. und r. Str. Zur Saltenwiese – dann r. bis Str. Wilde Weddenfeld; hier erst r. und nach 300 m l. in die Str. Zum Hermannsweg, die nach Elte führt. (Hier Anschluß an Nr. 35.)

**76. Saerbeck – Dörenther Klippen – Ibbenbüren – Saerbeck** [36 km]

Ab Saerbeck in Ri. Lengerich. Nach etwa 1 km l. abbiegen und in nordöstl. Ri. auf dem Wirtschaftsweg bis zur Kanalbrücke. Hier l. und am Dortmund-Ems-Kanal entlang in Ri. Ibbenbüren-Dörenthe. Nach etwa 3 km r. auf der Daßmannbrücke über den Kanal, danach gleich l. in den Daßmannweg und weiter geradeaus entlang den Wassergewinnungsanlagen in Blickrichtung Teutoburger Wald bis

zur Brochterbecker Str.; in diese r. einbiegen und in der folgenden scharfen Kurve in Linksrichtung das TWE-Gleis überqueren – nach Erreichen des Kalkwerkes am Teutoburger Wald nach l. – bei Hf. Segbert dann zur KW Wienkämper und zum Felsmassiv **Dörenther Klippen** (ND Hockendes Weib). Ab hier geht die Route dann – vorbei am Campingplatz – zur B 219 und zum Freizeitpark Sommerrodelbahn mit Märchenwald. Im weiteren Verlauf führt der Weg r. ab ca. 1 km am Nordhang des Teutoburger Waldes entlang – dann in nördl. Ri. über den Sandweg weiter am Kalksandsteinwerk vorbei zur Freizeitanlage Aasee (und zum Wellenbad sowie zum Freizeithof Bögel-Windmeyer) in **Ibbenbüren**. (Von hier auch lohnende Radwanderungen in die Schafberge, zum NSG Heiliges Meer sowie nach Mettingen und Westerkappeln.)
Rückfahrt ab Aasee. Am Kreuzungsbereich B 219 in die Wertmühlenstr. und ab der Fußgängerampel (1. Kreuzungsbereich) l. über die Groner Allee bis zur Weizenstärkefabrik. Ab Kreuzungspunkt hinter der Fabrik r. und ca. 2 km weiter bis Riesenbecker Postweg – hier l. Während des Aufstiegs zur Bergkuppe des Teutoburger Waldes AÜ über die AB A 30 (Rheine–Osnabrück). Auf dem Riesenbecker Postweg geht es schließlich steil abwärts bis zum WH Eulenfelsen. Hier scharf l. in Ri. Kanalbrücke Riesenbeck-Birgte – O: Hfe. Ebbeler und Remmersmann. Vor der Kanalbrücke l. auf den parallel zum Kanal verlaufenden ausgebauten Wirtschaftsweg – vorbei an einem alten Kalkofen – zur Hauptverbindungsstr. nach Riesenbeck. Die Riesenbecker Str. queren und weiter l. ab über einen befestigten Weg – entlang einer Kanalhecke – bis zum Botanischen Garten. Nach einem Rundgang mit Besichtigung der Anlagen r. über die Kanalbrücke Loismann und danach in Linksrichtung – O: Hf. Holtmann – zum Campingplatz Stratmann. Danach l. durch das Dörenther Feld und nach 500 m wieder auf die B 219; diese 300 m nach r. und nach weiteren 500 m in Ri. Daßmann-Kanalbrücke; vor dem Kanal r. und wieder auf dem alten Weg zurück nach Saerbeck.

Das „Hockende Weib“ in den Dörenther Klippen →
bei Ibbenbüren/Brochterbeck erzählt mit seinen Felstrabanten
aus dem Sagenreichtum des Münsterlandes

**77. Ibbenbüren – Hörstel-Gravenhorst – Bergeshövede – Riesenbeck – Dörenthe – Brochterbeck – Ledde – Laggenbeck – Ibbenbüren** [50 km]

Ab Freizeithof Bögel-Windmeyer (Freizeitanlage der Stadt Ibbenbüren) – am Nord- bzw. Südufer des Aasees entlang zum Kreuzungsbreich B 219/Tecklenburger Damm; gegenüber weiter – die Groner Allee queren – ca. 7 km am Aaufer entlang durch Wiesen, Felder und Siedlungsgebiete. An der vorletzten Aabrücke vor dem Kanal (Friedhof) l. ab – Ortsteil **Hörstel-Gravenhorst** (Kloster, Ki.) – und auf der Gravenhorster Str. weiter in Ri. Hörstel; 500 m vor der Kanalbrücke l. ab – vorbei an WH Tebbe – durch die AU zum Hafen **Bergeshövede**. Weiter auf der Str. am linken Kanalufer des sog. „Nassen Dreiecks" – O: WH Klostermann. Ab der Bergeshöveder Brücke geht es am Fuß des Teutoburger Waldes entlang – „Schöne Aussicht Riesenbeck" – zum Riesenbecker Postweg; hier l. ab zum WH Eulenfelsen (r. ab ca. 1,5 km bis Ortskern **Riesenbeck**), halbr. weiter über einen romantischen Feld-/Wald-/Wirtschaftsweg – vorbei am Käsehof Riesenbeck – vor Hf. Brumley r. bis zur Kanalbrükke am Werk OASE-PUMPEN. Über die Riesenbecker Str. hinweg – dann führt ein Waldweg entlang einer Kanalhecke zum sehenswerten Botanischen Garten Loismann. Weiter auf dem Loismannweg über die Kanalbrücke – l. am Kanal entlang – auf der Str. Im Brook r. ab zum Campingplatz Stratmann – l. zur Daßmann-Kanalbrücke – wieder l. Ri. **Dörenthe** – O: Hf. Daßmann – vorbei an den Wassergewinnungsanlagen – die Brochterbecker Str. queren und mit O: Hf. Segbert zum Freizeitbereich Dörenther Klippen. (Ab hier mit der Nr. 76 auch zurück nach Ibbenbüren.) Unsere Tour geht vom Parkplatz Dörenther Klippen zurück über die Str. Zu den Klippen – ab Hf. Segbert l. die Str. Am Klee und geradeaus weiter durch die Gebiete Kley und Oberdorf in Ri. Kleeberg nach **Brochterbeck**. Ab hier in nördl. Ri. – O: Bf. – durch das Bocketal – am Campingplatz vorbei – l. EU – gleich r. bis zum Kreuzungsbereich Lengericher Str.; hier r. ab bis **Bad Holthausen**. Dem Bäderbereich gegenüber – den Tecklenburger Damm queren – in nordöstl. Ri. 1,2 km – 200 m nach der Aabrücke r. ab durch das Aatal – O: Hf. Bögel – nach **Ledde**. Von Ledde am Friedhof l. in nördl. Ri. – O: Hfe. Tegeler und Grothmann – durch die AU und auf dem Fuchsweg weiter bis Hf.

Kerßen; hier l. ab und auf der Velper Str. nach **Laggenbeck**. Vom Ortskern über die EÜ und r. weiter – vorbei am WH Sommermeyer – der Bahn entlang – l. Str. Auf der Lau – und r./l. über den Lauweg und die Str. Wieskebrook zur Wilhelmstr.; beim Hinweis „Sportzentrum Ost“ dann l. ab zurück zur Freizeitanlage Ibbenbüren.

**Fünf-Tage-Radrundwandertour von Münster aus: Münster - Ladbergen - Tecklenburg - Brochterbeck - Riesenbeck - (Bergeshövede) - Surenburg - Elte - Emsdetten - Greven - Münster** [117–125 km]

Die Route ist im roten Wegenetz mit roten Punkten gekennzeichnet. Sie soll zugleich ein Beispiel sein für die Planung mehrtägiger Fahrradtouren nach den Angaben im Pättkesführer und in der beiliegenden Pättkes- und Tourenkarte.

**1. Tag: Münster - Ladbergen** [34 km]

Abfahrt 8.30 Uhr. Münster/Stadtmitte – Warendorfer Str. – Oststr. – Hohenzollernring queren – Mauritz-Kirchplatz – Prozessionsweg – vor Kanalbrücke r. Alerdinckstr., l. Str. Zum Guten Hirten, über die Brücke, gleich l. Patt zum WH Maikotten. Dahinter über die Brücke Umgehungsstr. – Mondstr. – l. bis Prozessionsweg – r. durch EU bis Pleistermühlenweg; hier l. – nach Bahnüberquerung r. auf die Warendorfer Str. (Radweg) – jenseits der Werse l. in den Feldweg einbiegen nach Handorf (l. Hs. Pröbsting; Bootsverleih im WH Vennemann, Nähe Ki.). Zurück zur Kötterstr. in östl. Ri. Mit dieser über die Hobbelt- und Panzerstr. hinweg – nach 1 km – hinter dem Kasernenkomplex – halbrechts – geradeaus über die Lauheider Str. hinweg bis nach 400 m Querstr. von WH Jägerhaus (r.). Hier am Wegweiser Kiebitzpohl l. und nach 700 m – nach der zweiten Abzw. – am Wegweiser Kiebitzpohl 68–71 r. zum Hf. Böckenholt. Hier l. und wieder l. – dann r. am Hf. Decker vorbei und weiter auf dem nächsten Weg l. wie unter Nr. 12 nach **Hs. Langen.** Ab hier weiter wie unter Nr. 13 bis **Westbevern-Brock** (im WH Wemmer gute Auskünfte über lohnende Abstecher). Mittagspause. Weiter in nördl. Ri. – nach 1 km über den Eltingmühlenbach – dann r. (Abstecher in Kattmanns Kamp, besonders schönes Waldgebiet des Freiherrn von Beverfoerde.) Weitere O: Hfe. Baumkötter und Brinkmeier. Nach l. über die Ldstr. hinweg – nach 1,2 km r. – und Ri. etwa 4 km anhalten nach **Ladbergen**. Übernachtung.

**2. Tag: Ladbergen - Tecklenburg** [18 km]

Abfahrt 8.30 Uhr. Ab Ladbergen am Sportplatz vorbei bis B 475 – diese queren – r. weiter – O: Hfe. Kohnhorst, Hagen und Buddenkuhl. An der Schule r. und nach 1 km l. – O: Hf. Klinker. Nach 2 km am Hf. Kröner l. und sofort wieder r. – am Sonnenhügel entlang – nach 2 km vor Hf. Esmann über die AB. Nach 500 m r. am Hf. Schlatmann vorbei – dann r. über die Ldstr. hinweg – vor der AB im spitzen Winkel l. und diesseits der Bahn 2 km auf Wasserschloß Hs. Marck zu. (Hier wurde Pastor Friedrich von Bodelschwingh 1831 geboren. Bes. Baron Diepenbroick-Grüter; Museum, Besichtigung möglich.) Weiter geht es bergan auf Nebenwegen zum nahegelegenen Bergstädtchen **Tecklenburg**. (Die baugeschichtlich noch im Mittelalter schlummernde ehem. Kreisstadt reizt zum längeren Verweilen.) Übernachtung.

**3. Tag: Tecklenburg – Brochterbeck – Riesenbeck – (Bergeshövede) – Surenburg** [18 km]

Abfahrt 9.30 Uhr. Ab Tecklenburg über den Höhenweg/Hermannsweg – O: JH/Bismarckturm. Nach ca. 3 km l. bergabwärts nach **Brochterbeck.** Hier über die Bahn und Ldstr. queren – dann Aufstieg zur Weiterführung des Hermannsweges. Unterwegs Blücherfelsen und Drei-Kaiser-Stuhl, Felspartien mit schönem Talblick. Nach weiteren 3 km l. zum ND Dörenther Klippen mit „Hockendes Weib“ (WH Wienkämper). Mittagspause. In nördl. Ri. weiter – die B 219 queren – l. eine offene Kapelle – und wieder auf dem Hermannsweg durch abwechslungsreiche Waldgebiete mit offenen Weitblicken – hin und wieder steile Anstiege. (Im Brumleytal Heldenfriedhof 2. Weltkrieg.) Nach 4 km l. dem Hinweisschild nach **Riesenbeck** folgen. Von Riesenbeck sind es 2 km bis zum Tagesendziel Wasserschloß **Surenburg** (Bes. Constantin Frhr. Heereman von Zuydtwick). (Empfehlung: Es lohnt, den Hermannsweg bei der Abzw. nach Riesenbeck 3 km weiter zu beradeln bis Bergeshövede. Hier beginnt der Mittellandkanal. Sehenswert die Schleusenanlagen. Auch von Bergeshövede aus ist unser Tagesziel, die Surenburg, auf stimmungsvollen Seitenwegen nach ca. 3 km – O: Kleimühle und Hf. Schencking – zu erreichen.) Übernachtung.

**4. Tag: Surenburg – Elte – Emsdetten – Greven** [31 km]

Abfahrt 9 Uhr: Vom Schloßhotel r. über die Aa; nach 1,5 km hinter Hf. Loose l. – ca. 2 km sandiger Weg durch das wilde Weddenfeld –

durch Heide-, Wald und Wacholderhaine – bis **Elte**. WH Splenterkotten. Ab hier ca. 3 km durch Elter Sand – O: Hf. Quiel – zum WH Bockholt. Hier übersetzen über die Ems mit der Handfähre (ggf. rufen oder im WH Bockholt melden!). Am anderen Ufer zuerst l. – am Wasserwerk r. und weiter durch die schöne Ortheide – O: Hf. Dieckmann – nach **Emsdetten.** Vor der Bahn l. den Seitenweg zur großen Querstr. wählen. Auf dieser 300 m l. zum WH Waldesruh. Mittagspause. (Empfehlung: Man kann Emsdetten ab Surenburg auch mit der Nr. 55 erreichen.) Von **Emsdetten**/Stadtmitte über die Südstr. oder Schulstr. zum Brookweg. Diesem immer geradeaus 3 km folgen bis zum ehem. Max-Clemens-Kanal. Gegenüber der Einmündung liegt Hf. Spaning. Am Kanal sich nach l. orientieren, nach 2,5 km Str. Emsdetten–Nordwalde queren. (Hier nach r. Abstecher in Lintels Brook und in die Brennheide zu empfehlen.) Am Kanal entlang weiter – nach Hf. Lenfort r. und gleich l. in die Westeroder Str. bis zur Ldstr. Greven–Nordwalde; hier wieder l. zum Kanal – nach ca. 1 km l. über ein Pättken durch die Dansenbörger Heide – über WH/H Gronenburg – nach ca. 2,5 km **Greven** (WH/H Nettmann). Übernachtung.

**5. Tag: Greven – Münster** [16/18 km]

Abfahrt 9.30 Uhr – Endspurt! Von Greven nach Münster zwei Möglichkeiten: Nach Übernachtung ab WH/H Gronenburg oder Nettmann

a. über WH Gronenburg durch die Dansenbörger Heide zum ehem. Max-Clemens-Kanal – WH Vosskotten. Hier l. und nach ca. 5 km (500 m nach WH Renfert) r. einbiegen in Str. Hölkenbusch – weiter bis Bf. Nienberge (Wdstr. x 24) und über die Hägerstr. (l.) – Str. Hägerfeld (wieder l.) geradeaus durch die Gasselstiege (unterwegs r. Schloß Wilkinghege) nach Münster/Stadtmitte.

b. Ri. Stadt – über die Bahngleise und die Emsbrücke zur B 219 – r. ab und weiter über die nächste Emsbrücke – vorbei am WH Schöneflieth – nach 300 m l. ab – ca. 1,5 km bis AU – am Baggersee vorbei und weiter mit der K 18 nach Gimbte. Hier l./r. auf die Gimbter Str. – nach 1 km l. ab in den Hessenweg – vor der Kanalbrücke r. und diesseits am Kanal entlang nach Münster/Stadtmitte.

# Die Aa-Vechte-Tour

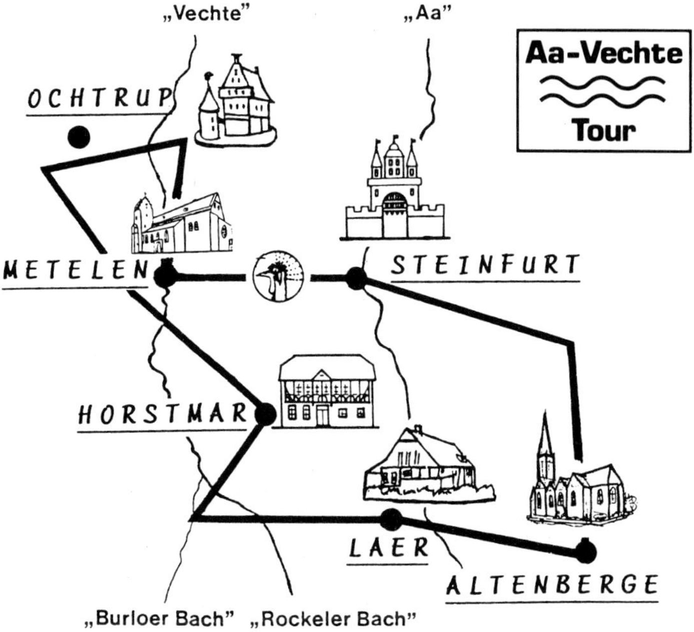


**Vogelpark Metelener Heide – Steinfurt – Nordwalde – Altenberge – Holthausen – Laer – Eggerode – Horstmar – Ochtrup – Welbergen – Langenhorst – Metelen – Vogelpark Metelener Heide** [120 km]

Der von Altenberge, Horstmar, Laer, Metelen, Ochtrup und Steinfurt gegründete Zweckverband „Bevorzugtes Erholungsgebiet im westlichen Münsterland" mit Sitz in Metelen hat diese Rundtour durch die Parklandschaft des westlichen Münsterlandes initiiert. Der in der Pättkeskarte blau gepunktet dargestellte Wegeverlauf wird in der Örtlichkeit immer wieder begleitet von den gelben Hinweisschildern mit der blauen Welle.

Wie alle in den Pättkesführer aufgenommenen Routen haben wir auch die Aa-Vechte-Tour in der Karte durchgehend eingezeichnet – selbst wenn dann abschnittsweise einzelne oder mehrere Touren nebeneinanderherlaufen.

Man kann diese Tour „offiziell" beim großen Findlingsstein an der Gemarkungsgrenze Metelen/Burgsteinfurt beginnen, aber natürlich wie bei allen unseren Tourenangeboten überall und in beiden Richtungen einsteigen – auch mit anderen Touren kombinieren.

Beginnen wir im Uhrzeigersinn mit einem Stück auf der ehem. Kleinbahntrasse, im Volksmund schon „Fernradweg Wladiwostok–Amsterdam" genannt ... Vor der dritten Pflanzinsel r. ab durch die Bsch. Sellen – über die Bahn – bis WH Nünningsmühle. Weiter über die Steinfurter Aa durch die Bschn. Dumte (l. **Borghorst**) und Wilmsberg bis zu den ehem. Landwehrwällen bei Hf. Bölscher. Dahinter r. – vorbei am Ortsrand **Nordwalde** – durch die Felder- und Kirchbsch. bis **Altenberge.** Am Ortsrand im R.-/L.-Dreh vorbei – Unterführung B 54 – durch die Bsch. Kümper zur K 71, hier r. und weiter zur Gemeindegrenze von Altenberge an der Steinfurter Aa. Über die Hohe Aabrücke und weiter im L.-Dreh – ein Stück auf der K 72 – vorbei am Friedhof in das Dörfchen **Holthausen.** Von hier radeln wir auf dem im Volksmund so genannten „Bammelpättken" in Ri. **Laer,** dann an den Sportanlagen vorbei in den Ortskern. Auf der Darfelder Str. bei WH Hessmann-Peschke l. ab bis zum ND „Heidenbaum mit Heidenkreuz", einer Gerichtslinde aus heidnischer Zeit. (Vom Heidenbaum l. Fußweg hinunter zur Ewaldibachquelle.) Die Tour führt uns weiter durch das Waldgebiet Strübbehoek, wo es neben zahlreichen Rastplätzen einen schön angelegten Waldlehrpfad mit Info-Tafeln gibt (Broschüre im WH Waldschlößchen). Danach durch die weiten Eschfluren – über die Bahnbrücke mit reizvollem Ausblick – im L.-Dreh durch die Bsch. Altenburg. Vor der EÜ r. und über Wirtschaftswege und Pättken durch die Bsch. Rockel. Bei Hf. Abbenhaus r. – dann l. über den Burloer Bach und danach r. nach **Eggerode.** Hier r. – vorbei an der Wallfahrtskirche und am Findling beim Zusammenfluß von Vechte und Burloer Bach – im L.-/R.-Dreh nach **Horstmar.** Wir verlassen die Burgmannsstadt durch einen Torbogen in nördl. Ri., biegen im Herrenholz beim Kreuz l. und nach ca. 1,5 km r. ab – über den Schöppinger Berg –

vor Hf. Rottmann l. bis zum ND Bruchsteinkapelle mit der alten Linde. R. den Schöppinger Berg hinunter – Schöppinger Damm queren – und weiter bis WH Brüning-Mühle. Hier r. entlang der Vechte – l. und über Schöppinger Straße–Maßmannweg–Fockstraße–Heeker Damm in den Strönfeldweg und in das NSG Strönfeld bis zur Gronauer Str., die wir nach 3,5 km nach r. in die Ochtruper Weinerbsch. verlassen. Wir erreichen das WH Felsemühle (i. d. N. Steinbruch „Weiner Esch“, eine in Westfalen nur hier sichtbar gewordene geologische Einmaligkeit aus der Kreidezeit) und gelangen im R.-/L.-Dreh über den Alt-Metelener-Weg nach **Ochtrup.** Von hier über die alte Bahntrasse nach **Welbergen** und entlang der Vechte nach **Langenhorst.** Metelener Damm – vor der Vechtehalle l. ab auf den Welbergener Damm – vorbei an **Hs. Welbergen** – nach der Bahnüberquerung r. – am Waldrand l. und mit Hambrüggeweg und Langenhorster Damm nach **Metelen.** Von der Ortsmitte aus Str. in Ri. Rheine, und direkt oder über den Radweg hinter der Vechte-Brücke r. stoßen wir auf unsere Tour Nr. 69, mit der rü. wir wieder unseren Ausgangspunkt erreichen.

# Die 100-Schlösser-Route® im Überblick

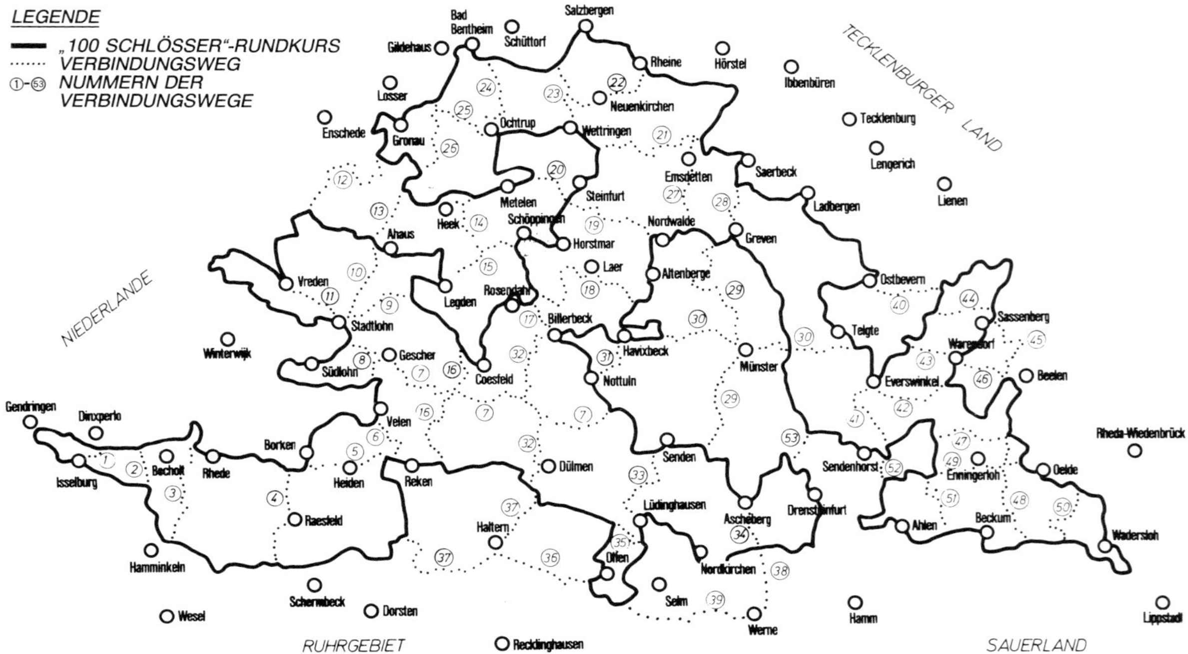

# Die 100-Schlösser-Route ®

Die Angaben auf einem Falzfeld der Pättkeskarte werden hier noch ergänzt durch die gegenüberstehende Gesamtskizze der Schlösser-Route und die nach Orten und mit ihren Kennziffern aufgelisteten Schlösser, Herrensitze und Gräftenhöfe – auch über den Bereich des Kartenbildes unserer Pättkeskarte hinaus. Wo eine **Innenbesichtigung** – auch nur eines Teils der Anlage oder eines darin eingerichteten Museums – möglich ist, steht ein (**I**) hinter dem Namen, ggf. nach Vereinbarung/Voranmeldung (**V**). Die Buchstaben (**H**) und (**R**) bedeuten Hotel/Restaurant.
Anzumerken ist, daß nicht alle Schlösser etc. unmittelbar an der Schlösser-Route liegen – aber jedenfalls von den Haupt- oder Verbindungswegen aus leicht erreichbar sind. Wegweisende grüne und schwarze Schloßsymbole finden Sie in gewissen Abständen auf Verkehrszeichen, Masten, Baumstämmen, Paddestoelen (den niedrigen Betonpilzen) – kurz überall, wo es möglich und für die Orientierung sinnvoll ist.

## Verzeichnis der Wasserschlösser, Herrensitze und Gräftenhöfe zur 100-Schlösser-Route ®

AHAUS
1. Schloß Ahaus
2. Haus Horst

AHLEN
3. Haus Küchen
4. Haus Pustekrey
5. Hof Schulze-Allendorf
6. Haus Seppenhagen

– Vorhelm
7. Haus Vorhelm

ALTENBERGE
8. Haus Bödding
9. Haus Sieverding

ASCHEBERG
10. Haus Byink

– Davensberg
11. Burg Davensberg (**I**)
12. Haus Romberg

– Herbern
13. Haus Dentrup
14. Haus Ichterloh
15. Haus Itlingen (**I**/**V**)
16. Schloß Westerwinkel (**I**)

BAD BENTHEIM
17. Schloß Bentheim (**I**/**V**)

BILLERBECK
18. Haus Beckebans
19. Haus Bisping
20. Haus Hameren
21. Kolvenburg (**I**)
22. Haus Langenhorst
23. Richthof
24. Haus Runde

BOCHOLT
25. Haus Efing
26. Haus Woord

– Barlo
27. Schloß Diepenbrock (**H**/**R**)

– Stenern
28. Haus Hambrock

BORKEN
29. Haus Döring
30. Haus Engelrading
31. Haus Pröbsting (**I**/**V**)

- Gemen
  32. Burg Gemen (**I**/V)

COESFELD
  33. Haus Loburg
  34. Ludgerusburg

DORSTEN
  35. Schloß Lembeck (**I**) (**H**/**R**)

DRENSTEINFURT
  36. Haus Bisping
  37. Haus Borg
  38. Haus Göttendorf
  39. Haus Steinfurt
  40. Haus Venne (**I**/V)

DÜLMEN
  41. Haus Buldern
  42. Haus Empte
  43. Haus Merfeld
  44. Haus Rorup
  45. Haus Schwickering
  46. Haus Üding
  47. Haus Visbeck

ENNIGERLOH
- Ostenfelde
  48. Haus Vornholz (**I**/V)
  49. Ruine Nienburg
- Westkirchen
  50. Haus Dieck

EVERSWINKEL
- Alverskirchen
  51. Haus Brückhausen

GENDRINGEN (NL)
  52. Huize Landfort

GREVEN
  53. Schöneflieth, ehemalige Burganlage
  54. Hof Höping Pellengahr

HALTERN
  55. Haus Sythen
  56. Haus Ostendorf

HAMMINKELN
  57. Haus Ringenberg

HAVIXBECK
  58. Haus Havixbeck
  59. Haus Hülshoff (**I**) (**R**)
  60. Haus Stapel

HEEK
- Nienborg
  61. Haus von Heiden
  62. Haus von Keppel
  63. Haus von Raesfeld

HORSTMAR
  64. Borchorster Hof
  65. Falkenhof
  66. Merfelder Hof
  67. Münsterhof
  68. Sendenscher Hof
- Leer
  69. Haus Alst

HÖRSTEL
- Riesenbeck
  70. Schloß Surenburg (**I**/V)

ISSELBURG
- Anholt
  71. Schloß Anholt (**I**) (**H**/**R**)
  72. Haus Hardenberg
  73. Haus Penekamp

LAER
  74. Kirchhofsburg (ehemalige Hofstelle Schulze Welling)

LEGDEN
  75. Haus Egelborg
  76. Haus von Hülst
- Asbeck
  77. Haus Asbeck

LENGERICH
  78. Haus Erpenbeck

LÜDINGHAUSEN
  79. Haus Kakesbeck
  80. Burg Lüdinghausen
  81. Burg Vischering (**I**/V)

METELEN
  82. Haus Schulze Lohoff

MÜNSTER
  83. Haus Dahl
  84. Haus Dyckburg
  85. Haus Havichhorst
  86. Haus Rüschhaus (**I**)
  87. Haus Vögeding
  88. Schloß Münster (Universität)
  89. Schloß Wilkinghege (**H**/**R**)
  90. Wallburg Haskenau (Bodendenkmal)

NORDWALDE
  91. Gut Althaus
  92. Bispinghof
  93. Pröbstinghof

NORDKIRCHEN
  94. Schloß Nordkirchen (**I**) (**R**)

NOTTULN
- Appelhülsen
  95. Haus Kückeling
  96. Haus Giesking
  97. Haus Groß Schonebeck
  98. Haus Klein Schonebeck
- Darup
  99. Haus Darup

OCHTRUP
  100. Villa im Winkel
  101. Haus Welbergen (**I**/V)
  Haus Rothenberge

OELDE
- Stromberg
  102. Burgruine Stromberg
- Kirchspiel Oelde
  103. Haus Geist

OLFEN
  104. Haus Rauschenberg
  105. Haus Sandfort

OSTBEVERN
  106. Schloß Loburg (**I**/V)

RAESFELD
  107. Schloß Raesfeld (**I**/V) (**R**)

RHEINE
108. Kloster / Schloß Bentlage (**I**/V)
109. Falkenhof
RHEDA-WIEDENBRÜCK
110. Haus Möhler
RHEDE
111. Haus Dorbrügging
112. Haus Kretier
113. Schloß Rhede
114. Haus Tenking
115. Haus Winkelhausen
ROSENDAHL
- Darfeld
116. Haus Burlo
117. Schloß Darfeld
118. Haus Rockel
- Osterwick
119. Schloß Varlar
SALZBERGEN
120. Gut Stovern
SASSENBERG
121. Haus Schücking
- Füchtorf
122. Schloß Harkotten-Ketteler (**I**/V)
123. Schloß Harkotten-Korff
SCHERMBECK
124. Haus Esselt
SELM
125. Haus Buxford
125a Burg Botzlar
125c Schloß Cappenberg (**I**)
125d Haus Dahl
SENDEN
126. Haus Ruhr
127. Schloß Senden
- Bösensell
128. Haus Alvinghoff
SENDENHORST
- Albersloh
129. Haus Berl
130. Hof Schulze-Dernebockolt
SÜDLOHN
131. Haus Lohn
132. Hof Wolbring-Geuking
- Oeding
133. Burg Oeding (**H**/**R**)
134. Hof Schulze Hessing
STEINFURT
- Burgsteinfurt
135. Schloß Steinfurt (**I**/V)
TECKLENBURG
136. Haus Marck (**I**)
TELGTE
137. Haus Milte
- Westbevern
138. Haus Langen
VELEN
139. Schloß Velen (**H**/**R**)
140. Gut Barnsfeld
- Ramsdorf
141. Burg Ramsdorf (**I**)
142. Gut Röllinghoff
VREDEN
143. Fürstbischöfliche Burg
WADERSLOH
- Diestedde
144. Schloß Crassenstein
WARENDORF
145. Haus Werl

## R-Wege im Überblick

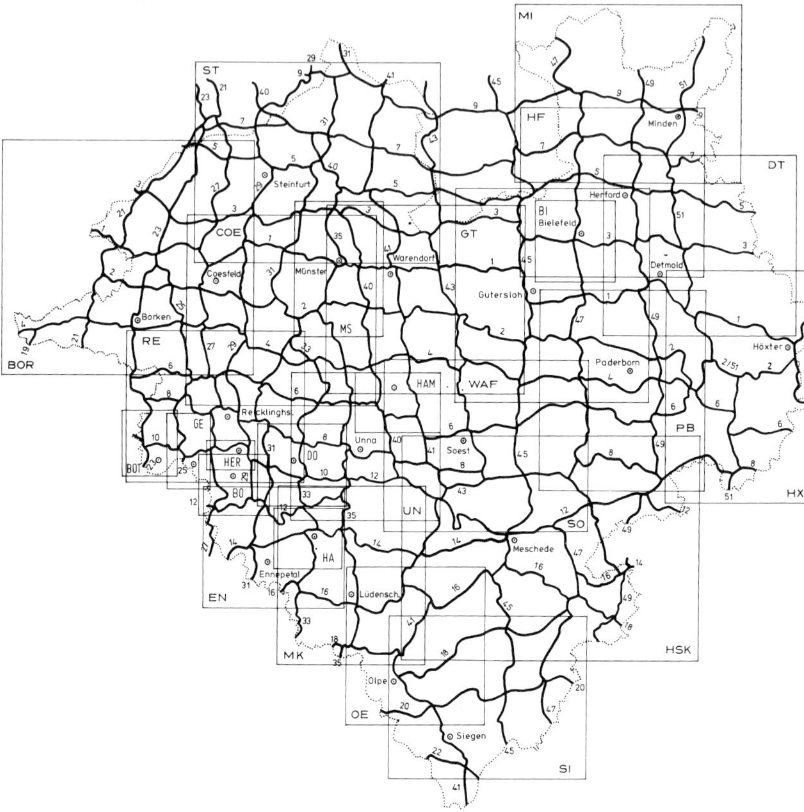


R 1: Groenlo (Ndl.) – Höxter/Weser
R 2: Winterswijk (Ndl.) – Fürstenberg/Weser
R 3: Haaksbergen (Ndl.) – Bad Pyrmont
R 4: Isselburg/Kleve – im Eggegebirge/Neuenheerse auf R 2
R 5: Enschede (Ndl.) – Hameln
R 6: Wesel – im Eggegebirge auf R 2
R 7: Bentheim – Rinteln/Weser
R 23: Bentheim – Oberhausen
R 27: Bentheim – Bochum
R 29: Salzbergen – Bochum
R 31: Fürstenau – Witten/Ruhr
R 33: ab R 31 nördl. Lüdinghausen – Dortmund
R 35: ab R 3 Greven – Unna
R 40: Lingen – Wickede/Arnsberg
R 41: Mettingen/Mittellandkanal – Möhnesee
R 43: Bramsche – Möhnesee

# Überregionale Radwanderwege (R-Wege)

– In der Pättkeskarte grün durchgezeichnet und numeriert –

Die nachfolgenden Angaben ergänzen die in Gründruck gehaltenen Erläuterungen auf einem Falzfeld der Pättkeskarte.

Viele Teilstrecken der R-Wege haben wir in früheren Ausgaben des Pättkesführers als rotgestrichelte Wegeempfehlungen ausgewiesen. Wo nun gestrichelte rote und durchgezogene grüne Wege zusammenfielen, wurde der Übersichtlichkeit wegen auf die rote Kennzeichnung verzichtet.

Die auf der gegenüberliegenden Seite abgedruckte großräumige Wegeskizze und dazu die kennzeichnenden Ortshinweise geben einen Überblick über den Gesamtverlauf aller R-Wege – auch außerhalb des Kartenbildes unserer Pättkeskarte.

Der Verlauf der R-Wege im Bereich unseres Kartenbildes wird hier durch von den Routen berührte Orte dargestellt. Diese **Routenübersicht** ist – dem Wegeverlauf nach der Himmelsrichtung folgend – in zwei Teile gegliedert:

1. von Westen nach Osten (in Nord/Süd-Abfolge),
2. von Norden nach Süden (in West/Ost-Abfolge).

**1. Von Westen nach Osten**

R 7 (Salzbergen) – Rheine – Riesenbeck – Brochterbeck – Tecklenburg – (Iburg)

R 5 Overdinkel/Gronau – Ochtrup – Wettringen – Emsdetten – Saerbeck – Ladbergen – Kattenvenne – Holzhausen

R 3 Ahaus – Schöppingen – Horstmar – Laer – Nordwalde – Greven – Ostbevern – Vinnenberg – (Füchtorf)

R 1 (Stadtlohn) – Varlar – Darfeld – Havixbeck – Hohenholte – Burg Hülshoff – Münster – Müssingen – Warendorf

R 2 (Nordvelen) – Lette – Karthaus – Appelhülsen – Senden – Venne – Amelsbüren – Albersloh – Sendenhorst – Hoetmar – (Ostenfelde)

R 4 (Heiden) – Groß Reken – Maria Veen – Hausdülmen – Seppenrade – Nordkirchen – Capelle – Herbern – Ahlen – (Beckum)

R 6 Wulfen – Barkenberg – Lippramsdorf – Flaesheim – Ahsen – (Datteln)

**2. Von Norden nach Süden**

R 23 (Gildehaus) – (Gronau) – Ahaus

R 27 (Bad Bentheim) – Ochtrup – Metelen – Heek – Asbeck – Legden – Maria Veen – Hülsten – (Sinsen)

R 29 (Salzbergen) – Haddorf – Wettringen – Burgsteinfurt – Leer – Horstmar – Darfeld – (Billerbeck) – Gerleve – Dülmen – Sythen – Haltern – (Oer-Erkenschwick)

R 40 Rheine – Elte – Emsdetten – Saerbeck – Greven – Gimbte – Gelmer – Münster – Angelmodde – Albersloh – Drensteinfurt – Bockum-Hövel – (Hamm)

R 31 Hörstel – Bevergern – Emsdetten – Nordwalde – Altenberge – Havixbeck – Nottuln – Lüdinghausen – Ahsen

R 35 Greven – Münster – Venne – Davensberg – Ascheberg – Westerwinkel – (Werne)

R 41 (Mettingen) – Ibbenbüren – Brochterbeck – Ladbergen – Ostbevern – Telgte – Everswinkel – Ahlen – (Werl)

R 33 (ab R 31, 3 km nördl. Lüdinghausen) – Lüdinghausen – Nordkirchen – Südkirchen – (Cappenberg)

R 43 (Osnabrück) – Hellern – Hasbergen – Hagen – Lienen – (Füchtorf) – Warendorf

**R 1 – Teilstück des Euro-Fernradweges Höxter–Calais**

Ganz im Sinne des im Vorwort angesprochenen Europagedankens haben Ende 1990 die vom R 1 berührten Kreise und die Stadt Münster zusammen mit der niederländischen Stiftung „Landelijk Fietsplatform" einen internationalen Fernradweg vorgestellt, der auch die Belgier und Franzosen miteinbezieht. Ausgehend vom R 1 ab Höxter führt die Route jenseits der deutsch/niederländischen Grenze weiter über Arnheim – Utrecht – Den Haag – Brügge bis Calais.

Diese „Euro-Idee" hat Theo Breider schon seit Jahren mit seinen Radwanderführern „Alte Wege neu entdecken – Von Viborg nach Calais" vorweggenommen – in ansprechenden Wege-Alternativen (siehe Seite 127).

# Von de Pättkes ut

Die Verantwortlichen – wo immer sie sitzen –, die es ernst meinen mit den Geboten der Landschaftspflege und der Gesunderhaltung, mögen den Wanderwegen noch mehr Beachtung zuwenden. Wanderwege abseits der großen Verkehrsstraßen schenken Besinnung und Erholung, Lebensfreude und Schaffenskraft. Wanderwege mit Tausenden von Kilometern zu einem großen Wanderwegenetz zusammengefaßt, dienen der Verkehrsentflechtung und helfen Verkehrsgefahren mindern.

Zu Verkehrswegen und zu Wanderwegen muß man Vertrauen haben können, d. h. sie müssen in einem ordentlichen Zustand sein. Oft genügen schon einige Karren Schutt oder Asche, um schadhafte Stellen auszubessern.

Lärmverursacher – so auch Mofas – müssen von Wanderwegen, wie wir sie suchten und empfehlen, unter allen Umständen ferngehalten werden.

Bei aller Liebe zur Reiterei – für die braven Vierbeiner müssen besondere Reitwege angelegt werden, weil die üblichen Wanderwege unter den Hufen zu sehr leiden.

Das Münsterland als Pättkesland hat in der modernen Fremdenverkehrswerbung einen guten Namen. Ihn gilt es immer wieder von neuem zu erwerben. Wesentlich dazu beitragen wird die fortwährende Instandhaltung der Wanderwege – insbesondere der in diesem Pättkesführer aufgezeichneten.

Seit die Waldbesitzer durch Gesetz zur Öffnung ihrer Wälder verpflichtet wurden, gilt umgekehrt für die Besucher, alles zu unterlassen, was unserem kostbaren Gut, dem Wald, schaden kann.

Mit der Anlage von Parkplätzen in der Landschaft sollte nicht nur die Aufstellung von Papierkörben, sondern auch deren Leerung verbunden sein.

Das Münsterland muß eine Oase der Ruhe und Erholung bleiben. Man achte deshalb auf Entwicklungen, die dem zuwiderlaufen. „Dat Inböten draff nich dürer wäern äs dat Backen. Buer paß up!“

# Münster – alte Stadt voller Jugend

Münster ist eine schöne Stadt. Das sagen nicht nur die Münsteraner. Sie können sich auf einen Kronzeugen berufen, auf Theodor Heuss, den ersten Bundespräsidenten der Bundesrepublik. Er pflegte auf die Frage, welche Stadt in Deutschland er für die schönste halte, zu antworten: „Münster!"

Westfalens Hauptstadt blickt auf 1200 Jahre belegbarer Geschichte zurück. Karl der Große beauftragte den Missionar Liudger, hier ein Kloster, ein „monasterium", zu schaffen; es gab der Stadt später ihren Namen. Außer dem berühmten Dom aus der romanisch-gotischen Übergangszeit birgt die „Stadt im Lindenkranze" noch viele wertvolle historische Bauwerke, die von Einheimischen und Gästen immer wieder bewundert werden.

Das gotische Rathaus am Prinzipalmarkt ist nicht nur durch seinen kostbaren Giebel berühmt geworden (Kunsthistoriker nannten ihn „den schönsten gotischen Profanbau der Welt"), sondern auch durch seinen Friedenssaal: hier wurde 1648 zwischen Spanien und den Niederlanden der „Friede von Münster" beschworen, der den Niederländern nach achtzigjährigem Krieg ihre Unabhängigkeit bestätigte und der zugleich Vorläufer des großen Westfälischen Friedens von Münster und Osnabrück wurde, der die Entwicklung Europas maßgebend beeinflussen sollte.

Wie das Rathaus am Prinzipalmarkt aus den Trümmern des Bombenkrieges wiedererstanden ist, sind auch an vielen anderen Baudenkmälern die Wunden des Krieges vernarbt, ob es sich nun um Kirchen wie St. Lamberti und Überwasser, St. Ludgeri und St. Martini, die Dominikaner- und die Clemenskirche handelt oder um Adelshöfe wie den Heeremanschen Hof in der Königsstraße und den Erbdrostenhof in der Salzstraße oder um das prächtige Barockschloß, das Johann Conrad Schlaun als fürstbischöfliche Residenz erbaute und das heute Zentralbau der Westfälischen Wilhelms-Universität ist, oder um stolze Patrizier- und Gildehäuser, beispielsweise die Giebelhäuser am Prinzipalmarkt oder das Krameramtshaus am Alten Steinweg.

Aber auch moderne Architekten haben der traditionsreichen Stadt ihren Stempel aufgeprägt. Ein charakteristisches Beispiel ist der kühne Theaterbau von 1956, den ein international anerkannter Architekt angesichts der vielen restaurativen Tendenzen in den fünfziger Jahren als „befreienden Donnerschlag" bezeichnet

Münster: Wochenmarkt vor dem Dom, im Hintergrund die Überwasserkirche →

hat. Diesem Beispiel schließen sich zahlreiche Großbauten an: Verwaltungszentren, Bankgebäude, Kliniken, Industrieanlagen. So kühn und so modern sie auch sind – sie passen sich ein und tragen auf ihre Weise dazu bei, daß Münster sich auch heute eines gediegenen, unverwechselbaren Stadtbildes rühmen kann.

Durch Theater und Symphonieorchester, durch Museen und Galerien, durch den traditionsreichen Mühlenhof und den neuen Zoo, den ersten „Allwetterzoo" der Welt, strahlt Münster weithin aus. Universität, Fachhochschule, Musikhochschule und Kunsterzieher-Institut werden von mehr als 55 000 Studenten besucht; kein Wunder, daß die Atmosphäre der Stadt bei soviel Jugend frisch und lebendig ist. Münster ist aber zugleich auch Handels- und Behördenzentrum, Verwaltungsmittelpunkt für Westfalen, nicht zuletzt Stadt vieler Tagungen und Kongresse, auch Ausstellungsstadt.

Von der anheimelnden Atmosphäre dieser Stadt ist auch der Gast tief beeindruckt, wenn er durch die Altstadt oder über die Promenade, den alten Festungswall, spaziert. Darüber hinaus sprechen zahlreiche Großveranstaltungen an: Philharmonische und volkstümliche Konzerte, Ausstellungen, Reitturniere, Sportwettbewerbe und Eisrevuen in der großräumigen Halle Münsterland, der „Allzweckhalle mit Weltstadtprogramm". Die Angebote des Einzelhandels in der City tragen auch dem verwöhntesten Geschmack Rechnung. In zahlreichen Hotels und Gaststätten läßt man sich die Spezialitäten der westfälischen Küche munden. Die Jugendherberge am Aasee hat in aller Welt guten Ruf.

**Auf Pättkes „Von Wasserburg zu Wasserburg"**

Radwandern wird immer beliebter. Einer der Bahnbrecher organisierter Radwanderungen war der Verkehrsverein Münster. Seine sechstägigen Pättkestouren „Von Wasserburg zu Wasserburg" finden im In- und Ausland starke Resonanz. Im Programm: Zwei verschiedene Routen mit Mietfahrrad, Gepäcktransfer, erstklassigen Hotels und Routenmarkierung. Auch kürzere Touren werden angeboten. Informationen: Verkehrsverein Münster GmbH, Berliner Platz 22, Telefon (02 51) 5 10 18-0, Telefax (02 51) 5 10 18 30.

# Mühlenhof Freilichtmuseum Münster

400 Jahre Vergangenheit in volkskundlich interessanter Erholungs- und Bildungsstätte in Zoonähe.

Bockwindmühle aus dem 16./18. Jahrhundert, Mühlenhaus von 1619, Gräftenhof von 1720, Landschule, Hofkapelle, Bienenhaus und weitere 20 Bauwerke und viele Exponate aus der bäuerlichen und handwerklichen Geschichte des Münster- und Emslandes.

Heuerlingshaus mit Kramladen und Dorfkrug. Ständige Erklärungen im alten Mühlenhaus.

Hofanlage und Bauernhäuser stehen nach Museumsschluß für geschlossene Gesellschaften (Tagungen, Familien, Vereine, Firmen usw.) mit eigener Bewirtung zur Verfügung.

Bus-, PKW- und Radparkplätze. Bushaltestelle Linie 14, Anlegestelle für den Aasee-Wasserbus.

MÜHLENHOF-FREILICHTMUSEUM MÜNSTER, DE BOCKWINDMÜEL E.V.
Sentruper Straße 223, 4400 Münster, Telefon (02 51) 8 20 74

| | | |
|---|---|---|
| Öffnungszeiten | 1. 4.–31. 10.: | 10.00–17.00 Uhr |
| | 1. 11.–31. 3.: | werktags 13.30–16.30 Uhr |
| | | sonn- und feiertags 11.00–16.30 Uhr |

Führungen durch sachkundige Führer/Kiepenkerle zu empfehlen.

Für geschlossene Gesellschaften Besichtigungen/Führungen am Abend nach Museumsschluß mit westfälischen Mahlzeiten. Voranmeldung ist in jedem Fall notwendig.

Eintritt laut Aushang und nach Vereinbarung.

# Ortsangaben

Siehe auch das ebenfalls alphabetisch nach Orten zusammengestellte Verzeichnis von Schlössern, Herrensitzen und Gräftenhöfen der 100-Schlösser-Route® auf den Seiten 95–97.

Die durch die kommunale Neuordnung erfolgten Ortsnamenänderungen sind in eckigen Klammern nachgestellt. Eingemeindungen und Zusammenschlüsse sind – soweit sie in den Ortsangaben erscheinen – durch Verweisungen kenntlich gemacht.

Außerdem werden auf sechs Feldern der Pättkes- und Tourenkarte Münster und die Kreise Borken, Coesfeld, Recklinghausen, Steinfurt und Warendorf, wo unsere Wege verlaufen, mit den zu diesen Kreisen gehörenden Orten vorgestellt.

Ausführlicheres über das eine oder andere im Ort oder in der Landschaft entnehme man der einschlägigen Literatur; meistens genügen schon Broschüren, Prospekte und örtliches Kartenmaterial, die in Verkehrsvereinen und Reisebüros zu haben sind.

Nur die örtlichen Gemeinde- und Stadtverwaltungen bzw. die zuständigen Verkehrsvereine vermögen zuverlässige Auskünfte über alle Fragen des Reise- und Ausflugsverkehrs zu geben. Das gilt auch in besonderem Maße für Fragen der Unterkunft und Verpflegung. Wenn deshalb bei den Ortseintragungen nur jeweils wenige Hotels und Gaststätten genannt werden, so soll das nur der ersten Orientierung dienen – vornehmlich in Zeiten, da die örtlichen Fremdenverkehrsstellen geschlossen haben oder nur schwer zu erreichen sind. (Achten Sie auch auf die Plakette „Hier sind Radwanderer willkommen".)

**Ahaus** E: 30 200. 1030, Stadtrechte 12. Jh. Barock-Wasserschloß mit Schloßgarten (1690). Turm der Ki. St. Mariä Himmelfahrt (1520/1865). I. d. N. alte Gerichtsstätte „ton steenern Crüz" bei Wüllen; Wassermühle „Haarmühle" bei Alstätte. Ki. St. Martinus (13. Jh.); ehem. gotisches Gebetshaus im „Holzschuhmacherdorf" Wessum; NSG Amtsvenn, Witte Venn und Wacholderheide. Freibad, Hallenbad, Minigolf; Fahrradvermietstellen, Bootsverleih; „Treffpunkt Ahaus" mit Eissportanlage, Bowlingbahn u. a.; Golfplatz in Alstätte. G/H: Hs. Leers, Ratshotel Rudolph, Zum Pütt, Zur Post. – S. auch Ottenstein.

**Ahlen** E: 52 800. Schon in der vita Ludgeri (9. Jh.), 1224 erstmals Stadt. „Industriestadt im Grünen". Stadt der Plüschwebereien und Emaillierwerke. Bartholomäus-Ki. um 1500, Museum. I. d. N. WB Hs. Küchen 18. Jh., Hs. Vorhelm und NSG Kurricker Berg. Freizeitbad „Berliner Park". G/H: Altes Forsthaus, Feldhaus, Gretenkort.

**Ahsen** [Datteln] Ehem. Fischerdorf an der Lippe. Pfarrki. Maria Heimsuchung 15. Jh. (18. Jh. neu von Schlaun). WB Hs. Vogelsang 17. Jh.

**Albersloh** [Sendenhorst] Um 1171. Ki. 13. Jh. Waldgebiet Hohe Ward, Tiergartenheide und Berl. G/H: Altes Gasthaus Kramer, Borgert, Zur Post.

**Alst Hs. WB** Bei Horstmar. 1217 (Bes. Grafen v. Westerholt). War Sitz des früheren Westf. Bauernführers Frhr. von Schorlemer-Alst. Selten der noch erhaltene Ringwall und die „Speklagen"-Mauertechnik.

**Altenberge** E: 8000. Mit 115 m ü. NN höchstgelegenes Dorf des Münsterlandes – vom Paschhügel herrlicher Rundblick. Pfarrki. St. Johannes, Hallenki. 15. Jh. ND Krüselinde aus der Zeit Karls d. Gr. 300jährige Holländer-Mühle in Hansell. Fahrradvermietstellen; Hallenbad, Reithalle; Sportzenztrum. G/H: Baumbergehof, Domschänke, Stermann (Hansell), Stüer; Zum Nordpol.

**Amelsbüren** [Münster] Am Dortmund-Ems-Kanal. Ki. 14. Jh. Hallenbad; Fahrradvermietstelle. Ausflugsgebiet Davert. G/H: Altes Gasthaus Freitag, Wittlerbaum, Zur Post.

**Angelmodde** [Münster] Um 1175. Ki. 13. Jh. Grabstätte der Fürstin Amalie v. Gallitzin († 1806) an der Südseite der Ki. G/H: Hoffschulte, Kinnebrock, Strandhof.

**Appelhülsen** [Nottuln] Geburtsort des Schriftstellers Dr. Friedrich Castelle (1879–1954). Historisches Bürgerzentrum Schulze Frenking mit Haupthaus und altem Speicher. H: Schriever, Tillmann-Herglotz.

**Asbeck** [Legden] Um 1000. Ehem. adeliges Damenstift. Ki. St. Margaretha 12. Jh. Altes Torhaus/Hunnenporte 1630; Wassermühle Eismann. Reizvolle Hügellandschaft. G/H: Reers.

**Ascheberg** E: 13 000. Ki. St. Lambertus 16. Jh., Turm 1910, „Strahlenmadonna" von 1690. Westf. Pumpernickel-Fabrik. I. d. N. ehem. WB Hs. Romberg 16. Jh. Tennisplätze, Reithalle, Rundwanderwege; Fahrradvermietstellen. G/H: Goldener Stern, Jagdschlößchen, Klaverkamp-Eschenburg. – S. auch Davensberg, Herbern.

**Beckum** E: 36 000. 1224 (Schildbürger-Stadt). St.-Stephanus-Ki. (12.–15. Jh.) mit Prudentia-Schrein (um 1230), nach Größe und Qualität der wertvollste Reliquienschrein Westfalens (13. Jh.); Rathaus (um 1500) (Museum). I. d. N. Höxberg mit Aussichtsturm (dort Windmühle, Wildgehege und Fasanerie) und H/R WB Hs. Assen (14. Jh.); Fürstengrab, Steinzeitgräber. Beheizte Freibäder, Hallenbad, Reitplätze und -hallen, Tennishallen, 2 Sportzentren; Fahrradvermietstelle. G/H: Höxberg, Pott's Braugasthof, Westfälischer Hof, Zur Windmühle.

**Bevergern** [Hörstel] Um 1364. Ki. (15. Jh.) mit Kunstschätzen; Heimathaus. Torfmoorsee mit Angeln, Segeln, Surfen. Schleusenanlagen am Dortmund-Ems-Kanal. G/H: Nier, Zum Schwan.

**Billerbeck** E: 10 000. „Perle der Baumberge". Sterbeort des hl. Liudger (809); Stadtrechte um 1300. Ki. St. Johanni 1234, Martersäule auf dem Kirchplatz, Ludgerus-Dom 1898; Ludgerus-Brunnen 1541. WB Kolvenburg 12. Jh. (heute Kreiskulturzentrum). Prächtige Lage in den Baumbergen; Freilichtbühne, beheiztes Freibad, Ponyhöfe und Reitplätze, Wildgehege; Fahrradvermietstellen. G/H: Bürgerhaus, Domschenke, Fuselkotten, Homoet, Luftkurhaus Weißenburg.

**Bocholt** E: 70 000. 779, Stadtrechte 1222; größte Stadt des Westmünsterlandes; 22 km gemeinsame Stadt- und Staatsgrenze zu den Niederlanden. Europastadt. St.-Georgs-Ki. 15. Jh., Rathaus 17. Jh., Schloß Diepenbrock 16. Jh., Westf. Textilmuseum. Stadtwald mit Teichanlagen und Wildgehegen, Aa-Promenade. Freizeit- und Erholungszentrum „Aa-See" mit 32 ha Wasserfläche und 42 ha Grünanlagen. Sportanlagen, Hallen- und Freibäder; Fahrradvermietstellen. G/H: Am Erzengel, Bahnhofshotel, Heidtkamp, Kaisereck, Kronenburg, Werk II, Zigeunerbaron.

**Bösensell** [Senden] St.-Johannes-Ki., Jugendstil mit neugotischer Ausrichtung, Wehrturm 1350, Glockenstuhl 1500; Haus Ruhr. G/H: Farwick, Sendes.

**Borghorst** [Steinfurt] Ki. St. Nikomedes mit Kunstschätzen. In Bsch. Wilmsberg Spieker (1612, renov. 1820/1985) mit Gräfteninsel auf Hf. Schulze Pröbsting. Beheiztes Freibad, Hallenbad, Stadion mit Sportheim, Segelflugplatz. G/H: Nünningsmühle, Posthotel Riehemann, Schünemann, Schützenhof.

**Borken** E: 34 700. Kreisstadt. Um 800. Stadtrechte 1226. St.-Remigius-Ki. (15. Jh.), Klosterki. Mariengarden; Stadtmuseum. Mittelalterliche Stadtbefestigungen (5 Türme). I. d. N. NSG Burlo-Vardingholter Venn. Freizeit- und Erlebnisbad „Aquarius"; Erholungsgebiet „Hs. Pröbsting" mit Segel- und Badesee; Fahrradvermietstellen. G/H: Borkener Krug, Einhaus, Hs. Waldesruh, Lindenhof, Ratskeller. – S. auch Gemen.

**Bossendorf** [Haltern] Ausgrabungen weisen auf alten karolingischen Königshof an diesem Lippeübergang hin. Pfarrki. St. Helena 14. Jh. mit Wehrturm 12. Jh. St.-Katharina-Kapelle ältester Steinbau im Vest 11. Jh.

**Brochterbeck** [Tecklenburg] Um 1150. Reizvolles Dorf inmitten wald- und felsenreicher Berglandschaft; Dorfteich mit alter Wassermühle; Landschaftsschutzgebiet Bocketal mit Trimm-Dich-Pfad; Schwefelbad Holthausen. I. d. N. Dörenther Klippen. Fahrradvermietstelle; Wassersport auf dem Dortmund-Ems-Kanal. G/H: Franz, Hs. Bocketal, Teutoburger Wald.

**Buldern** [Dülmen] Um 800. Ki. St. Pankratius (11. Jh.). WB Schloß Buldern (Stammsitz des „Tollen Bomberg"; jetzt Privatgymnasium). Alter und neuer Spieker, Freizeitanlage Bulderner See. G/H: Albring.

**Burgsteinfurt** [Steinfurt] Vornehmes Stadtbild – viele Kunst- und Baudenkmäler. Rathaus 16. Jh., Johanniterkommende 16. Jh., Hohe Schule 16. Jh., WB Schloß Steinfurt (Rundburg aus vier Stilepochen ab 12. Jh.; Bes. Fürst zu Bentheim und Steinfurt); Stadtmuseum; Hollicher Windmühle in der Bsch. Hollich; Naturpark „Bagno" mit Trimmpfad; Kreislehrgarten; Freibad; Fahrradvermietstelle. Sitz des Fremdenverkehrsverbandes Münsterland Touristik „Grünes Band" (Kreise Borken, Coesfeld, Steinfurt, Warendorf): Hohe Schule 13, Tel. (0 25 51) 50 99. G/H: Bagno, Becker's Jan, Parkhotel, Rolinck Bräu, Schloßmühle, Zur Lindenwirtin.

**Coesfeld** E: 31 800. Kreisstadt. Um 809. Alte Hansestadt, reizvoll gelegen im Grünen zwischen der Hohen Mark und den Baumbergen. Ki. St. Jakobi mit romanischem Stufenportal aus dem 13. Jh.; Lambertikirche mit Gabelkreuz (14. Jh.); Walkenbrückentor mit Stadtmuseum und Kunstgalerie; Freilichtbühne. NSG Hünsberg. I. d. N. Benediktinerabtei St. Josef Gerleve mit Jugendheim und G. Südwestl. der Heidesee. Gut ausgeschildertes Wanderwegenetz, Sportanlagen, Freibad, Hallenbad, Golfplatz; Fahrradvermietstellen. G/H: Am Münstertor, Jägerhof, Westfälischer Hof, Zur Post. – S. auch Lette.

**Darfeld** [Rosendahl] 12. Jh. St.-Nikolaus-Pfarrki. mit Gabelkreuz 15. Jh. und Taufstein 13. Jh. I. d. N. Zweiinselanlage WB Schloß Darfeld 17. Jh. (Baumeister Gröninger; Bes. Erbdroste Graf Droste zu Vischering). Windmühle in Höpingen, Burloer Mühle. Fahrradvermietstelle. G/H: Feldkamp, Mühlenkamp.

**Darup** [Nottuln] Um 800. Ki. St. Fabian und Sebastian 15. Jh., Tafelgemälde unter Einfluß Conrads v. Soest. G/H: Alte Diele, Egbering.

**Datteln** E: 37 000. 1936 (Pfarre 1147). Europas größter Kanalknotenpunkt am Ostrand der Hohen Mark. St.-Amandus-Ki. 16. Jh., Hermann-Gochtmann-Heimatmuseum. G/H: Rauschenburg. – S. auch Ahsen.

**Davensberg** [Ascheberg] Ki. St. Anna 16. Jh., mit Altarretabel von Johann Brabender gen. Beldensnyder (1540) und gemalten Altarflügeln von Hermann tom Ring (1566). Davertturm (1530) mit Davertmuseum. Mittelpunkt der Davert (3500 ha großes Waldgebiet). Hs. Byink (Torhaus 1561). Fahrradvermietstelle. G/H: Hs. Börger, Eickholt, Zur Davert.

**Dorsten** E: 73 000. 1251 (um 500 Durstinon). Wohnstadt im Grünen. Pfarrki. St. Agatha, altes Rathaus mit städt. Museum, Alte Stadtwaage von 1567 am Marktplatz. – S. auch Lembeck, Wulfen.

**Drensteinfurt** E: 11 700. 851. Ki. St. Regina (1787–1790/1890) mit in Westfalen selten so vollständiger klassizistischer Ausstattung. Wasserschloß Hs. Steinfurt mit Torhaus (1585–1591; Bes. Frhr. v. Landsberg). Loreto-Kapelle 1726; Alte Post 1647 – eines der schönsten Fachwerkhäuser. Heimatdorf des Mundartdichters Karl Wagenfeld († 1939). Rittergut Hs. Venne in Mersch. Freibad. G/H: Zum alten Brauhaus, Zum alten Forsthaus. – S. auch Rinkerode.

**Dülmen** E: 40 000. 8. Jh., Stadtrechte 1311. Ki. St. Viktor 16. Jh., Kreuzkapelle 1696; Heilig-Kreuz-Ki., Grab und Gedenkstätte der stigmatisierten Augustinernonne Anna Katharina Emmerick, Augustinerkloster mit Emmerick-Museum. Lüdinghauser Tor. Heimatmuseum. Wildpark; Sportflugplatz Borkenberge. Freibad, Hallenbad; Fahrradvermietstellen. G/H: Hotel am Markt, Merfelder Hof, Zum Wildpferd. – S. auch Buldern, Karthaus, Merfeld, Rorup.

**Einen** [Warendorf] Um 954. Ki. 16. Jh. Schönes Dorf in ruhiger Lage. G/H: Westfälischer Hof.

**Elte** [Rheine] Um 1150. Ki. 17. Jh. Abwechslungsreiche Landschaft. NSG Elter Dünen. Trimm-Dich-Pfad, Wochenendhausgebiet, Emsfähre beim WH Bockholt (ggf. rufen oder im WH melden). G/H: Zum Hellhügel, Zum Splenterkotten.

**Emsdetten** E: 32 000. 1178. Ki. St. Pankratius; Heimatmuseum. NSG Hochmoor Emsdettener Venn und Landschaftsschutzgebiet an der Ems. Waldfreibad, Hallenbad, Reithallen, Kanu-Bootshaus; Fahrradvermietstellen. G/H: Altdeutsches Gasthaus Bisping, Kloppenborg, Lindenhof.

Ortsteil Hembergen mit schöner Umgebung; sehenswert das Innere der St.-Servatius-Ki. Landgaststätten Lanvers, Zurmühlen.

**Ennigerloh** E: 19 200. Um 1050. Jakobus-Ki. (13. Jh.), romanischer Taufstein; Windmühle. Im Ortsteil Ostenfelde Schloß Vornholz (um 1300; Gestüt, Kavalleriemuseum; Bes. Frhr. v. Nagel). Im Ortsteil Westkirchen Ki. mit Taufstein (1588); WB Hs. Dieck 1771. Naherholungsgebiet „Hoher Hagen“. Sportanlagen, beheiztes Frei- und Hallenbad; Fahrradvermietstelle. G/H: Brune, Hubertus, Kröger, Lindenhof.

**Epe** s. Gronau

**Everswinkel** E: 7800. 1209. Gotische Hallenki. St. Magnus (15. Jh.) mit Gewölbefresken. St.-Agatha-Ki. um 1500, WB Haus Brückhausen 17./18. Jh. im Ortsteil Alverskirchen. Freizeit- und Erholungsgebiet „Hs. Borg“ mit Tennishalle und -plätzen, Bocciabahn, Großschachspiel, Tischtennis, Spielplätzen, Teichanlage, Wildgehege. Sport- und Freizeitbad „Vitus-Bad“. Wochenend und Urlaub auf dem Bauernhof, Reiterferien (Ponyhof Georgenbruch, Ferienhöfe Schwermann und Winkelkötter, Zuchthof Wieningen); Fahrradvermietstellen. G/H: Arning, Rieping.

**Flaesheim** [Haltern] An der Lippe. 1166 Gründung eines Prämonstratenser-Nonnenklosters. Ki. St. Maria Magdalena mit romanischem Westturm und Chorgestühl 17. Jh. Schleuse mit Kanalwanderweg.

**Freckenhorst** [Warendorf] 851. Stiftskirche (1129) mit Krypta und Taufstein, neben St. Patrokli in Soest bedeutendster Sakralbau der frühen Romanik Westfalens. Landvolkshochschule. Reitschule St. Martin und „Wandern zu Pferd“ (J. Brinkmann); Freibad. Trimm-Dich-Pfad im Ortsteil Hoetmar. G/H: Huesmann, Jungmann, Stiftshof-Dühlmann.

**Gemen** [Borken] I. d. N. WB Gemen, Rundburg, Neubau 1411, Ausbau 17. Jh., barocker „Ballturm“ und barocke Klosterkirche; heute Jugendburg der Diözese Münster. Große Waldungen mit Vogelschutzgebiet „Sternbusch“. G/H: Demming-Evers.

**Gescher** E: 14 700. Ki. St. Pankratius (um 985); Heimatmuseum – „Museum auf dem Braem“, Museum „Kutschen – Wagen – Karren“,

Glockenmuseum; Glockengießerei. NSG Fürstenkuhle. Freibad, Hallenbad, Minigolf; Fahrradvermietstellen. G/H: Domhotel, Zur Krone.

**Greffen** [Harsewinkel] Ki., Chor und Gewölbe um 1500, 1899 erweitert. G/H: Johannesmann.

**Greven** E: 29 000. 1137. St.-Martinus-Ki. 12. Jh. Ausflugsgebiete: Gronenburg, NSG Bockholter Berge, Hüttruper Heide (Naturfreundehaus „Heinrich-Siepmann-Haus"). Freilichtbühne Greven-Reckenfeld. Museum Sachsenhof in der Bsch. Pentrup. Nahverkehrsflughafen Münster-Osnabrück. Freibad, Hallenbad; Fahrradstation Freizeitanlage. G/H: Gronenburg, Schraeder (Gimbte), Zum Aatal (Aldrup).

**Gronau** E: 40 200. 1188, Stadtrechte 1898. Im Dreiländereck NW/Niedersachsen/Niederlande. Modernes Geschäfts- und Verwaltungszentrum. Wasserturm. St.-Agatha-Ki. im Stadtteil Epe. Parkanlagen, Vogel- und Tierpark. Natur- und Landschaftsschutzgebiete Amtsvenn, Rüenberger Venn, Eper Venn, Hündfelder Moor. Parkfreibad, Hallenbad; Fahrradvermietstellen. Erholungsgebiet und Freizeitzentrum „Driland" – Dreiländersee; Erholungsgebiet Eper Bülten. JH. G/H: Ammertmann, Bergesbuer, Driland, Sporthotel, Zum Alten Fritz.

**Haltern** E: 32 300. Einer der ältesten Orte Westfalens; Ausgrabungen und Funde aus römischer Zeit; Röm.-Germ. Museum. Rathaus 16. Jh., Siebenteufelsturm. Ki. St. Sixtus mit Schnitzaltar. Wallfahrtskapelle St. Anna, Annaberg. Umgebung Wald und Heide (Waldgebiete Hohe Mark und Haard mit 3 Aussichtstürmen), NSG Wacholderheide in Holtwick, Stausee. Alle Arten von Wassersport (Bootsverleih-Plätze); ausgedehntes Wanderwegenetz. Fahrradvermietstation am Bf. Zwei beheizte Freibäder, Hallenbad, Seebad, Trimm-Dich-Pfade. JH. G/H: Heimingshof, Pfeiffer „Sythener Flora", Seehof, Seestern. – S. auch Bossendorf, Flaesheim, Sythen.

**Handorf** [Münster] Bekanntes Kaffee- und Ausflugsdorf an der Werse. Ki. St. Petronilla 17. Jh. I. d. N. Boniburger Wald, Dyckburg (18. Jh.; J. C. Schlaun); Vorsehungskloster. Wellenfreibad, Hallenbad; Wassersport auf der Werse (Bootsverleih); Fahrradvermietstellen; Minigolf; Wildgehege. G/H: Hs. Pröbsting, Hs. Vennemann, Hof zur Linde, Deutscher Vater, Nobiskrug.

**Harsewinkel** E: 18 000. Abteikirche Kloster Marienfeld 1185; Heimathaus mit Spieker. Beheiztes Freibad, Sportanlagen, Wander- und Reitwege. G/H: Handelshof, Wilhalm. – S. auch Greffen.

**Havixbeck** E: 10 000. Am Fuße der Baumberge. Um 1100. Gotische Hallenki. St. Dionysius 14. Jh. mit romanischem Wehrturm, Pestkapelle. Wahrzeichen der mittelalterliche Torbogen mit Sandstein-Vesperbild. Sandstein-Museum. Wasserschloß Hs. Havixbeck 16./17. Jh. (Bes. Rfrh. v. Twickel). I. d. N. Wasserschloß Hs. Stapel (um 1820). Beheiztes Freibad; Reit-/Tennishalle, Ponyhöfe, Wildgehege; Schießanlagen; Minigolfplatz; Angeln; im Bürgerpark Skateboardanlage „Half-Pipe", Speckbrettplatz, Rollschuhbahn; Fahrradvermietstellen. G/H: Beumer, Elfers (Stevertal), Kemper, Leopoldshöhe und Pröbsting-Huwe (Baumberge), Waldfrieden, Zum Longinusturm. – S. auch Hohenholte, Hülshoff.

**Heek** E: 7000. Ki. St. Ludgerus 13. Jh., Ludgerusbrunnen, Burgmannshöfe. Fahrradvermietstellen. I. d. N. NSG Öldemölls Venneken. G/H: Gabelpunkt, Heisterborg. – S. auch Nienborg.

**Heiden** E: 6700. Im nördl. Teil des Naturparks Hohe Mark. Düwelsteene (Reste eines 4000 Jahre alten Megalithgrabes); NSG Kranenmeer. Vogelpark. Allwetter-Frei- und Wellenbad, Minigolf, Trimmpfad; Fahrradvermietstellen. G/H: Beckmann, Dunkhöfener, Zum Schwaben.

**Herbern** [Ascheberg] Ki. St. Benedikt Bildnisgrabstein v. Merveldt (16. Jh.). Frühbarockes Wasserschloß Westerwinkel 1225, ehem. Verteidigungsburg. Hs. Itlingen 1300 (heute Gestüt). Fahrradvermietstellen; Hallenbad. G/H: Wesselmann, Zum Wolfsjäger.

**Hiltrup** [Münster] Am Dortmund-Ems-Kanal. Heimatmuseum. Hallenbad, beheiztes Freibad, Hiltruper See und Waldpark; Segeln, Rudern, Tennis; Reithalle; Fahrradvermietstellen. Ausflugsgebiete Hohe Ward und Davert. G/H: Hiltruper Hof, Pferdetränke, Waldhotel Krautkrämer.

**Hörstel** E: 15 500. Zusammenschluß der Stadt Bevergern und der Gemeinden Dreierwalde, Hörstel und Riesenbeck – s. dort.

**Hohenholte** [Havixbeck] Um 1150. Stiftsdorf, ehem. Klosterki. 1730, Dorfgräfte. G/H: Annegarn.

**Holtwick** [Rosendahl] Um 1300. Ki. St. Nikolaus 13. Jh./1860. Erdhügelburgrest Barenborg i. d. Bsch. Hegerort 13./14. Jh. (Natur- und Bodendenkmal). ND Holtwicker Ei, größter westf. Eiszeitfindling. G/H: Münstermann, Bauernhofcafé Richter-Barenbrügge.

**Horstmar** E: 6100. 9. Jh. „Burgmannsstadt im Münsterland". Burgruine, 4 Burgmannshöfe 15.–16. Jh. Mittelalterliche Romantik. Baumblüte. Fahrradvermietstelle. I. d. N. Hs. Alst (s. dort). G/H: Crins, Waldmann-Westarp.

**Hülshoff** Wasserschloß (um 1200 von den Herren v. Schonebeck; seit 1417 im Bes. der Familie Droste zu Hülshoff). Geburtsstätte der Dichterin Annette v. Droste-Hülshoff (1797–1848). Droste-Museum. Um- und neugestaltete Außenanlagen. G/H: Burgkeller.

**Ibbenbüren** E: 42 500. Im Teutoburger Wald. Um 1146. Christus-Ki. 9. Jh. Motorradmuseum. ND Dörenther Klippen (Naherholungsgebiet) mit Sommerrodelbahn, Märchenwald und Ponyhof; Botanischer Garten; Gesteinslehrpfad; schöne Wanderwege und Radrundwanderwege (Fahrradvermietstelle am Busbf.). I. d. N. NSG Heiliges Meer. Aasee an der Ledder Str. mit Segelschule; Freizeithof. Hallen-, Frei- und Wellenbad. G/H: Am Aasee, Brügge, Hs. Berghof, Hs. Leugermann, Leischulte. – S. auch Laggenbeck.

**Karthaus** [Dülmen] Altes Kartäuserkloster Marienburg 1170, Klosterki. St. Jakobus (16. Jh.). Hs. Visbeck. Flugplatz Borkenberge. G/H: Klosterschänke.

**Kattenvenne** [Lienen] Kattenvenner Moor – Bild einer Kiefern- und Heidelandschaft mit steilen Wegen, Pättkes, alten Bauernhöfen und Mühlen. G/H: Suhre, Vogelsang.

**Ladbergen** E: 6400. Um 950. Heimatmuseum in der Lönsheide, Naherholungsgebiet Waldsee und Buddenkuhlsee mit Campingplatz und Schwedenhäusern. Bauernhöfe von hohem Alter, prächtige Umgebung. Wildgehege „Nöttler Berg". G/H: Heideblümchen, Waldschänke, Zur Post.

**Laer** E: 5400. Um 1150. Fliehburg „Borg" (7. Jh.), eine der mächtigsten Wallanlagen Westfalens. Ki. St. Bartholomäus 1485. Geburtsort von Werner Rolevinck (1425–1502; Kartäusermönch, Gelehrter, Geschichtsschreiber). Alte Gerichtslinde Heidenbaum, nahebei Ewaldibachquellen. Fahrradvermietstellen. I. d. N. Waldgebiet

„Strübbehoek". G/H: Altdeutsche Schänke, Ulfers, Veltrup, Waldschlößchen.

**Laggenbeck** [Ibbenbüren] 1852 kl. Bsch., heute gewerbefleißiges größeres Dorf. Ki. St. Maria Magdalena (1863). Alte Bauernhäuser (z. B. Hf. Tönnies/Taschner). G: Hs. Keller, Zum Aatal.

**Langenhorst** [Ochtrup] Stift (1178) mit ehem. Stiftskirche und Immunitätssäulen.

**Ledde** [Tecklenburg] Altes Kirchdorf, ev. Ki. (ältester Teil um 1200), Fachwerkbauernhäuser (bes. Hfe. Driehof und Haselroth). Ev. Behindertenwerk „Ledder Werkstätten". Gekennzeichnete Wanderwege, Angeln. G/H: Hüsing, Waldesruh.

**Leeden** [Tecklenburg] Um 1240. Stiftsdorf, früh. Zisterzienserinnenkloster. Alte Stiftskirche und Äbtissinnenhaus; alte Fachwerkbauernhäuser. Herkensteine an der Margareten Egge. Staatsforst Habichtswald. G/H: Altes Backhaus, Schwermann.

**Legden** E: 5500. Um 1000. Ki. St. Brigida 13. Jh.; Hs. v. Hülst 1677; Wasserschloß Hs. Egelborg 16./18. Jh. (Bes. Frhr. v. Oer). Dahlienzucht, bekannter Dahlien-Korso. Waldreiche Umgebung; NSG Steinkuhle. Freibad, Grillplatz. „Rundum-Erlebnis" mit Gastronomie „Dorf Münsterland", Deutschlands größte Feriendorfanlage im Fachwerkstil; große Fahrradvermietstation. G/H: Waldkrone, Zur Steinkuhle. – S. auch Asbeck.

**Lembeck** [Dorsten] Wasserschloß Lembeck (15.–17. Jh.) mit H/R, Museum und Dauerausstellung des Malers Hanns Hubertus Graf v. Merfeldt (1901–1969) aus der Besitzerfamilie. Großer Saal und Brückenpfeiler mit Putten von J. C. Schlaun. Ausgedehnte Parkanlagen. JH. G/H: Hs. Nordendorf, Zum grünen Tal.

**Lengerich** E: 20 500. Um 1147, Stadtrechte seit 1727. Stadtkirche 15. Jh.; Torhaus „Römer". I. d. N. WB Hs. Marck (s. dort), Rittergut Hs. Vortlage; Megalithgrab in Wechte. Reithalle, Freibad, Hallenbad; Teutoburger Waldsee. G/H: Breedenschänke, Hs. Werlemann, Prigge, Waldhotel Hilgemann.

**Lette** [Coesfeld] Um 900. Letter Heimathaus. Ca. 90 km gezeichnete Rundwanderwege. Letter Bruch (Wald- und Heidelandschaft). Windmühle 1813; Naturlehrpfad. Hallenbad, Trimm-Dich-Pfad,

Campingplätze; Fahrradvermietstelle. G/H: Hs. Birkenhof, Zur Waldmühle.

**Lienen** E: 7800. Am Teutoburger Wald. Um 965. „Hohes Haus" am Kirchplatz. Reithalle, beheiztes Freibad, Hallenbad. Landschaftlich reizvoll das „Holperdorper Tal" (Kirschblüte). G/H: Hs. Wittmann, Lichtenberg, Reiterkrug. – S. auch Kattenvenne.

**Lüdinghausen** E: 20 000. Um 800, Stadtrechte seit 1308. Landschaftlich reizvolle Umgebung mit Wasserrundburg Vischering 13. Jh. (heute Kulturzentrum des Kreises Coesfeld, Münsterlandmuseum). Burg Lüdinghausen 16. Jh. (Fahrradvermietstelle). Burg Kakesbeck 14. Jh. Freibad, Hallenbad, Wassersport am Klutensee; markierte Wanderwege, Spielplätze, Campingplätze; Fahrradvermietstelle. G/H: Schloßcafé Burg Vischering, Zu den drei Linden, Zur Mühle, Zur Post. – S. auch Seppenrade.

**Marck Hs.** WB (14. Jh.) bei Tecklenburg (Bes. Frhr. v. Diepenbrock-Grüter). Pastor Friedrich v. Bodelschwingh 1832 hier geboren. Führungen (Archiv, Rittersaal, Gemälde- und Waffensammlung).

**Merfeld** [Dülmen] Um 890. Ki. St. Antonius, Hs. Merfeld mit Schloßkapelle und 2 Wassermühlen; Rhododendronfelder. Wildpferdegehege im Merfelder Bruch (250 Tiere auf ca. 1000 Morgen). G/H: Hs. Töns.

**Mesum** [Rheine] Gotische Ki. 1345 (Schlüssel im Pfarramt). Altes Hochmoor NSG Venn (Torfgewinnung). G/H: Borcharding.

**Metelen** E: 6000. 889. Ehem. Stiftskirche (13. Jh.) mit Kunstschätzen. Wassermühle/Heimatmuseum, Bf. mit Eisenbahnmuseum. Schwimmhalle, Wassersport auf Vechte und Waldsee; Fahrradvermietstellen. I. d. N. im Landschaftsschutzgebiet Gauxbachtal der Vogel- und Freizeitpark Metelener Heide; Gogericht zum Sandwell (1278, später das oberste Gericht des Stiftes Münster). G/H: Am Gauxbach, Heidehotel, Herdering-Hülso.

**Mettingen** E: 10 300. Um 1088. Tödden- und Heimatmuseum (Stammheimat der C. & A. Brenninkmeier, Hettlage u. a.). Frei- und Hallenbad, Wassersport auf dem Mittellandkanal, Freiballonfahrten; Ponyhof. G/H: Barbara-Schänke, Telsemeyer.

**Münster** E: 272 000. 793, Stadtrechte 1170. Hauptstadt Westfalens. Kultureller Mittelpunkt mit Theater und Symphonieorchester, 17 Museen – dazu Mühlenhof-Freilichtmuseum. Zweitgrößte Universität der Bundesrepublik. Erster Allwetterzoo der Welt. Vorbildliche Fahrradwege; Kennzeichnung von **Radverkehrsverbindungen** im ganzen Stadtgebiet durch Pfeilwegweiser (weiße Schilder mit grüner Schrift) mit Fahrradsymbol, Ziel- und Kilometerangabe. Anerkannte Hotellerie und Gastronomie. Treffpunkt von Touristen aus aller Welt. Auskünfte über Fahrradvermietstellen, Hotels und Gaststätten: Verkehrsverein Münster GmbH, Berliner Platz 22, Tel. (02 51) 5 10 18-0. – Siehe S. 102–104 und auch Amelsbüren, Angelmodde, Handorf, Hiltrup, Nienberge, Roxel, St. Mauritz, Wolbeck.

**Neuenkirchen** E: 11 400. 1247. Ki. St. Anna. Sportzentrum und Naturfreibad. Erholungsgebiet „Offlumer See“ mit Campingplatz im Gebiet „Offlumer Sand“ (Teil des Münsterländer Hauptkiessandzuges zwischen Haddorf und Ennigerloh). Fahrradvermietstellen. G/H: Lorenbeck, Hs. Niehues.

**Nienberge** [Münster] Ki. St. Sebastian 1499. Sportzentrum mit Freibad. G/H: Baumberger Hof, Zur Post, Zurhorst.

**Nienborg** [Heek] Ehem. Landesburg (1198), „Hohes Hs.“ und andere Burgmannshäuser 16. Jh.; Sitz der Landesmusikakademie NRW; Wassermühlenwehr im Knick der Dinkel. Fahrradvermietstelle. G/H: Burgschänke, Mümken.

**Nordkirchen** E: 8900. Barock-Ki. 18. Jh. (Gottfried L. Pictorius). Wasserschloß Nordkirchen („Westfälisches Versailles“; heute Fachhochschule für Finanzen NW); Bauherr Fürstbischof Christian v. Plettenberg (1703–1712), Baumeister: Gottfried L. Pictorius, Joh. Quinken und Peter Pictorius d. J.; von J. C. Schlaun Park und Oranienburg. Hallenbad, Golfplatz, Bogenschießanlage; Fahrradvermietstelle. G/H: Haus Westermann, Jägerstuben, Plettenberger Hof, Schloßstuben.

**Nordwalde** E: 8600. 1151. Hochgotische Ki. St. Dionysius – später zur Kreuzkirche erweitert. Heimatmuseum. Sportzentrum mit Schwimmhalle; Fahrradstation. Grillplatz in der Brennheide mit Schutzhütte. G/H: Parkhotel Nuyken, Zur Krone, Zur Post.

**Nottuln** E: 15 000. Um 800. Stiftsgründung des hl. Liudger; Pfarrki. St. Martin (1498) mit wertvollen Deckenmalereien; Stiftshäuser. Älteste Blaudruckerei in NRW. I. d. N. Stevertal in den Baumbergen. Frei- und Hallenbad, Sport- und Freizeitpark Baumberge (moderne JH, Wellenfreibad, Tenniscenter; Fahrradvermietstelle). G/H: Denter, Elfers (Stevertal), Haus Steverberg (ehem. JH), Kruse, Leopoldshöhe. – S. auch Appelhülsen, Darup, Schapdetten.

**Ochtrup** E: 16 700. 1597 Marktrecht. Ki. St. Lambertus und St. Marien mit Kunstschätzen. Alte Töpfer(Pottbäcker)stadt. Ehem. Stadtwälle. Ackerbürgerhaus 1607. Stadtpark mit Streichelzoo; Freibad; Fahrradvermietstelle. I. d. N. Windmühle am Berg – Holländer Mühle von 1848 – mit Gerätesammlung; NSG Gildehauser Venn. G/H: Happens Hof, Münsterländer Hof. – S. auch Langenhorst, Welbergen.

**Olfen** E: 9400. 889, Stadtrechte 1559. Betriebsame Kleinstadt in idyllischer Landschaft. Freizeit- und Ferienparks; Wassersport auf Stever, Lippe und Dortmund-Ems-Kanal. I. d. N. Sandforter Forst mit Hs. Sandfort (16./17. Jh., bemerkenswert das Brauhaus auf der Vorburg); Eversumer Heide. Hallenbad, Tennisplätze, Yachthafen; Fahrradvermietstelle. G/H: Füchtelner Mühle, Zum Forsthaus, Zum Steverstrand.

**Ostbevern** E: 7000. Um 1050. Ki. St. Ambrosius, romanischer Turmkern, 1509–1961/62 Neubau. I. d. N. WB Hs. Loburg (heute bischöfl. Gymnasium Johanneum mit Internat), um 1760 nach Plänen von Schlaun – um 1899 in neubarocken Formen errichtet. Frei- und Hallenbad; Fahrradvermietstelle. G/H: Alte Post, Beverhof, Zum Keiler.

**Osterwick** [Rosendahl] Um 1000. Ki. St. Fabian und Sebastian (13. Jh., 1911 erneuert). I. d. N. WB Schloß Varlar (Bes. Fürst zu Salm Horstmar), gegr. 1123 als Prämonstratenserkloster, umgebaut ab 1828. Fahrradvermietstellen. G/H: Weber an der Holzbrükke, Zur Post.

**Ottenstein** [Ahaus] Wacholderheide. G/H: Haus im Flör, Karpaten-Jans.

**Ottmarsbocholt** [Senden] St.-Urbanus-Ki., Turm 1481, Windmühle. Waldreich und ruhige Lage. G/H: Averbeck, Kallwey, Lindfeld, Vollmer.

**Reken** E: 11 500. Heimatmuseum „Alte Windmühle Reken"; Sakrales Museum (Alte Ki. St. Simon und Judas). Eremitage im Ortsteil Groß-Reken. Waldvogelpark im Ortsteil Maria-Veen; Düwelsteene, Wildpark und Märchenwald „Frankenhof" mit Kindervergnügungspark und Golfplatz im Ortsteil Reken-Bf. Freizeitanlage mit Freibad, Hallenbad, Trimmpfad u. a.; Fahrradvermietstellen in allen Ortsteilen. JH. G/H: Hartmanns-Höhe, Hs. Wilkes, Zum faulen August, Lütkebohmert (Maria Veen).

**Rhede** E: 16 600. 11. Jh. Östl. das Renaissance-Wasserschloß (1564) des Fürsten zu Salm-Salm. Alte Herrensitze, Windmühle, NSG Vardingholter Venn. Beheiztes Freibad, Hallenbad; Fahrradvermietstellen; 180 km ausgewiesene Wanderwege. G/H: Hams, Hengstermann, Hungerkamp, Rössing, Schloßcafé.

**Rheine** E: 70 000. An der Ems. Um 838. Ideale Verkehrslage. St.-Dionysius-Ki. 15. Jh. Marktplatz mit Renaissance-Häusern; Falkenhof (838) mit Heimat- und Textilmuseum, Waffen- und Kunstsammlung. St.-Antonius-Basilika mit höchstem Turm (102,5 m) des Münsterlandes. Erholungsgebiet Bentlage mit Parkanlagen, Schloß Bentlage, Saline „Gottesgabe", Tierpark mit Streichelzoo; Affenwald. Stadtpark mit Minigolf, Boccia, Eissporthalle und beheiztem Freibad; 2 Hallenbäder, Trimm-Dich-Pfade und Sportanlagen; Motor- und Segelflugplatz; Fahrradvermietstellen; Emspartie mit Rad- und Wanderwegen. JH. G/H: Blömer, Freye, Gutsschänke Holsterfeld, Hansa-Hof, Heuwes, Johanning, Krusenotto, Lücke, Solbad Gottesgabe, Thomann, Zum alten Brunnen. – S. auch Elte, Mesum.

**Riesenbeck** [Hörstel] Am Dortmund-Ems-Kanal („Nasses Dreieck") und Teutoburger Wald. 11. Jh. Ki. St. Calixtus (roman. Turm 12. Jh., Neubau 1809). „Reinhildisbrunnen" (1912); Bauernhäuser, Steinkreuze, Bildstöcke. „Schöne Aussicht" am Teutoburger Wald; Kriegsgräberfriedhof „Brumleytal". Kanalhafen und Schleuse. I. d. N. WB Hs. Surenburg (s. dort). Hallenbad. G/H: Am Eulenfelsen, Schloßhotel Surenburg, Stratmann, Zum Alten Fritz.

**Rinkerode** [Drensteinfurt] 1169–73. Ki. St. Pankratius 1721–24 (Gottfried L. Pictorius). WB Hs. Borg (15. Jh.), Zweiinselanlage; Hs. Bisping (15./16. Jh.), Geburtsort des Fürstbischofs Christoph Bernhard von Galen. Waldgebiete „Davert“ und „Hohe Ward“. G/H: Arning-Freitag, Lohmann.

**Rorup** [Dülmen] 1050. Ki. St. Agatha (16. Jh.); steinerner Schandpfahl, Kloster Maria Hamicolt (um 850), Erholungsgebiet „Roruper Holz“ mit Grillplatz. Hs. Rorup mit alter Eichenallee. G/H: Bölling, Kerkhoff, Maas-Wilstacke, Marenkamp, Wortmann.

**Rosendahl** E: 10 000. Ortsteile Darfeld, Holtwick, Osterwick – s. dort.

**Roxel** [Münster] Um 1220. Hallenbad. I. d. N. Schloß Hülshoff (s. dort). G/H: Altes Gasthaus Hagedorn, Brintrup, Schloß Hohenfeld.

**Saerbeck** E: 4 700. 1050. Zwischen Ems und Dortmund-Ems-Kanal. Ki. St. Georg auf Resten eines älteren Gotteshauses (12. Jh.) erbaut. I. d. N. Wildfreigehege Nöttleberg und Windmühle Eilers (1866) auf dem Sinninger Esch. Freibad, Sportzentrum, Reithalle; Fahrradvermietstelle. G/H: Dahms Hoff, Emsklause, Stegemann (Westladbergen).

**St. Mauritz** [Münster] Am Dortmund-Ems-Kanal und an der Werse. Dyckburg-Ki. 18. Jh. (J. C. Schlaun). Freibäder, Reithalle; Ausflugsgebiet Boniburger Wald. G/H: Hugerlandshof, Jägerhäuschen, Pleistermühle, Sudmühlenhof, Tannenhof.

**Sassenberg** E: 9 800. Um 1100. Ehem. Residenz der münsterischen Fürstbischöfe. St.-Johannes-Ki. 1670–78, Turm 1913/14. Hs. Schücking (1754, nach Plänen von J. C. Schlaun); Doppelschloß Harkotten im Stadtteil („Spargelmetropole“) Füchtorf. Naturkundemuseum „Heimische Tierwelt“; NSG Schachblumenwiese. Beheiztes Freibad. Erholungsgebiet Feldmark mit See (13 ha), Strandbad, Wassersport; Fahrradstation am Campingplatz Eichenhof. G/H: Ferienhof Buddenkotte, Ratsstuben, Zum Weißen Vater.

**Schapdetten** [Nottuln] Um 800. Spätgotische Ki. St. Bonifatius, Staffelgiebel. I. d. N. Baumberge und Stevertal. Fahrradvermietstelle. G/H: Kemper, Zur Alten Post.

**Schöppingen** E: 6 000. 838. Am Westhang des Schöppinger Berges. St.-Brictius-Ki. mit Altarbild „Schöppinger Meister" (um 1455); barocke Wallfahrtskapelle mit Madonnenbild im Ortsteil Eggerode (13./14. Jh.); Rathaus 1583; „Künstlerdorf" mit Hof der Literaten und der bildenden Künste. Hallenbad; Fahrradvermietstelle. G/H: Zum Rathaus, Zur alten Post, Hs. Winter (Eggerode).

**Selm** E: 25 000 (1975 Zusammenlegung Selm, Bork mit Cappenberg). 1977 Stadtrechte. Stephanuski. mit Zwiebelturm, Schloß und Stiftski. Cappenberg mit Barbarossa-Reliquiar, Burg Botzlar. Erholungsgebiet Cappenberger Wald mit Wildpark, Ternscher See mit Wassersportmöglichkeiten, Strand-, Frei- und Hallenbad, Campingplätze. G/H: Burghotel, Knipping, Kreutzkamp.

**Senden** E: 15 800. Um 900. WB Hs. Senden 15. Jh. (H/R); Gruftkapelle der Drosten zu Senden (um 1730). Schiffahrtsmuseum. I. d. N. NSG Venner Moor. Bürgerpark, Hallen-Freibad, Sportpark, Skateboardanlage, Reithalle; Yachthäfen am Dortmund-Ems-Kanal; Fahrradvermietstellen. G/H: Handelshof, Hs. Scharlau, Middrup, Niemeyer, Zur Post. – S. auch Bösensell, Ottmarsbocholt, Venne.

**Sendenhorst** E: 11 000. Um 1365. Neugotische Hallenki. St. Martin mit 3 Türmen 1855–65. Hallenbad. G/H: Bürgerhaus, Waldmutter, Westfälischer Hof, Zurmühlen. – S. auch Albersloh.

**Seppenrade** [Lüdinghausen] „Rosendorf" – Rosengarten mit 20 000 Rosen. Fundort des weltgrößten Ammoniten (70 Ztr.; Abdruck an der Dattelner Str., Original im Landesmuseum für Naturkunde in Münster); Bauerngarten an der Wolfsschlucht. Ruhige markierte Wanderwege, Radwanderwege; Heidelandschaft Borkenberge mit Segel- und Motorfluggelände; Fahrradvermietstelle. G/H: Mutter Siepe, Peters, Schulzenhof.

**Stadtlohn** E: 17 200. Pfarrei um 800. Modern wiederaufgebaute Industriestadt. Ki. Neubau 1889; Gnadenkapelle auf dem Hilgenberg (um 1700). Töpferhandwerk seit 1600. Naherholungspark „Am Losberg" mit Freibad, Hallenbad, Wassersport, Rollschuhbahn u. a. Segel und Motorflug auf dem Flugplatz Wenningfeld; Fahrradvermietstelle. G/H: Burggarten, Lembeck, Schwarzwaldstuben, Tenbrock, Tenbusch.

**Steinfurt** E: 31 700. Kreisstadt. Zusammenschluß der Städte Borghorst und Burgsteinfurt – s. dort.

**Surenburg Hs. WB** 15. Jh. (priv., Bes. Frhr. Heereman v. Zuydtwick). Bedeutendstes weltl. Bauwerk des Tecklenburger Landes. Reizvoller Park. G/H: Schloßhotel Surenburg.

**Sythen** [Haltern] 758. Von der WB Sythen 14. Jh. noch Torbogen erhalten, Neubau der Schloßkapelle 1910; Alte Mühle 1331. Sport- und Freizeitzentrum Sythen, Freizeitpark „Dülmener See". G/H: St. Georg.

**Tecklenburg** E: 9 000. Um 1226. Mittelalterliches Burgenstädtchen mit gut erhaltenen Fachwerkhäusern. Torhaus „Legge" von 1577 (früh. Leinenprüfstelle, heute mit Puppenmuseum). Burgruine der alten Tecklenburg. Im Innenhof bekannte Freilichtbühne (3 500 Sitzplätze). Burgbastion 14. Jh.; Kreisheimathaus, Kreismuseum; 2 Aussichtstürme über 40 km. Parkanlage, „Landschaftskurpark"; gut markierte Strecken- und Rundwanderwege. Schmiedeeisernes Kunsthandwerk. Beheiztes Waldfreibad, Minigolf, Golfplatz. Fahrradvermietstelle. JH. G/H: Bismarckhöhe, Drei Kronen, Parkhotel Burggraf, Zur alten Schmiede. – S. auch Brochterbeck, Ledde, Leeden.

**Telgte** E: 16 800. Um 800. Bedeutender Wallfahrtsort. Propsteiki. 1522, Wallfahrtskapelle (1654) mit bedeutendstem westfälischen Vesperbild (um 1370). Heimatmuseum „Heimathaus Münsterland"; Kultur- und Begegnungszentrum Bürgerhaus Telgte. „Mariä-Geburts-Markt" (ältester und größter westf. Pferdemarkt). Beheiztes Waldschwimmbad Klatenberg. Markierte Wanderwege im Waldgebiet Klatenberge. Fahrradvermietstellen. G/H: Heidehotel Waldhütte, Jägerhaus, Osthues-Brandhove, Telgter Hof. – S. auch Westbevern.

**Velen** E: 10 300. Schloß Velen 18. Jh. (Dornröschenschloß), malerische Anlage aus fünf Jahrhunderten mit weiten Parkanlagen und Blumenschmuck. Schloßmühle am Thesingbach, arthesischer Brunnen. Burg Ramsdorf 1425, heute Kultur- und Heimatmuseum. Freibäder; Erholungsgebiet Tiergarten; Fahrradvermietstellen. G/H: Coesfelder Tor, Sportschloß Velen, Zum Tiergarten.

**Venne** [Senden] 13. Jh. Streusiedlung. St.-Johannis-Ki. 17. Jh.; zierlicher alter Speicher 18. Jh. Hospital zum hl. Johannes d. T. – ältestes Leprosenhaus der Stadt Münster. NSG Venner Moor. G/H: Venner Moor.

**Vinnenberg Kloster** [Warendorf-Milte] Zisterzienserinnenkloster 1250–56. Erneuerte Ki. um 1550, Gnadenbild aus dem 13. Jh. (Kopie). 1810 säkularisiert, seit 1898 wieder bewohnt von Benediktinerinnen. In der Umgebung 100jähriger Eichen- und Lindenbestand. G/H: Biedendieck, Zum Kühlen Grunde.

**Vögeding Hs.** Echter westfälischer Bauernhaustyp mit Wehrturm 16. Jh. (ehem. Bes. Frhr. Droste zu Hülshoff).

**Vreden** E: 18 900. Um 800. Alte Stadt mit interessanter Geschichte. Stiftskirche (12. Jh.) mit Hallenkrypta. Neue Pfarrkirche St. Georg über bedeutender Ausgrabungsstätte mit Ring- und Hallenkrypta, Flügelaltar aus der Antwerpener Schule (16. Jh.). Hamaland-Museum (Kreismuseum und Bauernhausmuseum). NSG Zwillbrocker Venn (Möwenkolonie), NSG Lüntener Fischteiche und Schwattet Gatt. Wanderwege und Pättkes durch Wald-, Heide- und Moorgebiete. Sportflugplatz Wenningfeld (zus. mit Stadtlohn). Frei- und Hallenbad; Fahrradvermietstellen. Drei Grenzübergänge nach Holland (Gaxel, Oldenkott und Zwillbrock). G/H: Burgschänke, Hamaland, Zum dicken Jupp, Zum Möwenparadies (Zwillbrock).

**Warendorf** E: 34 000. Kreisstadt. Um 851. St.-Laurentius-Ki. 15. Jh., Turmanlage 1913/14; Ki. St. Marien 1911/12 mit Ausstattung 15.–18. Jh. Festungsturm um 1200, Franziskanerkloster 17. Jh., Rathaus (15. Jh.) mit Heimatmuseum, Marktplatz und Giebelhäuser 15.–17. Jh. Schöne Emspartien. „Stadt des Pferdes“: Landgestüt NW mit Hengstparaden im Oktober; Deutsches Olympiade-Komitee für Reiterei; Deutsche Reiterliche Vereinigung (FN); Deutsche Reitschule. Sportschule der Bundeswehr. Frei- und Hallenbad, Reiten; Emssee, Angeln. Heimatfest Mariä Himmelfahrt. Fahrradvermietstelle. G/H: Dreibrückenhof, Emshof, Falkenhof, Im Engel, Kaiserhof, Mersch, Stiftshof-Dühlmann, Tönneburg. – S. auch Einen, Freckenhorst, Vinnenberg (Ortsteil Milte).

**Welbergen** [Ochtrup] WB Hs. Welbergen, um 1282 (Bes. Bertha-Jordaan-van-Heek-Stiftung zur Pflege der deutsch-niederländischen Beziehungen). G/H: Alter Posthof.

**Westbevern** [Telgte] Seit 1270 eigene Pfarrei; Kirchenneubau 1897/98, Turm 13. Jh. Kreuzigungsaltar von Gerhard Gröninger (1631). Alte Burganlage Haus Langen. G/H: Wemmer (Brock), Wermelt, Wördemann, Zur Reithalle.

**Wettringen** E: 6 800. Um 800. Ki. St. Petronilla mit Kunstwerken. Heimathaus „Ahlers“, Spieker Termühlen. Hallenbad. I.d.N. der Rothenberg (95 m) mit Hs. Rothenberge (gleicher Bes. wie Hs. Welbergen); NSG Schnippenpohl, Hügelgräberfeld Haddorf und Erholungsgebiet Haddorfer Seen für die meisten Wassersportarten; großer Campingplatz; Fahrradvermietstelle. G/H: Haddorfer Seen, Zur Post, Zur Sonne.

**Wolbeck** [Münster] Um 1185. Ehem. fürstbischöfl. Residenz. St.-Nikolai-Ki. (13. Jh.) mit roman. Turm. Alter Drostenhof (Bes. Grafen v. Merveldt). Gartenbauschule; Tiergarten; Vita-Parcours, Hallenbad. G/H: Altes Gasthaus Lasthaus, An der Steenpaorte, Averhoff, Sültemeyer, Tanneneck, Thier-Hülsmann.

**Wulfen** [Dorsten] 1967 „Neue Stadt Wulfen“. Beispiel moderner Stadtplanung in Wulfen-Barkenberg mit mehr als 16 000 E. JH „Herrlichkeit Lembeck“ mit vielen Sport- und Hobbymöglichkeiten. G/H: Humbert.

---

Wiede Kämp un hauge Hiegen
Birken blenkert dör dat Grön
Rausenrüek flügg mi enttiegen –
Mönsterland, wat büs Du schön!

Friedrich Castelle (1879–1954)

---

# MÜNSTERLAND

LAND DER „100 SCHLÖSSER ROUTE"

## Bestellcoupon: . . . . . . . . . . . . . . AV

Bitte senden Sie mir kostenlos und portofrei die Broschüren:

- ☐ Wandern mit und ohne Rad 91/92
- ☐ Clubreisen
- ☐ Gastgeberverzeichnis
- ☐ 59 Orte laden Sie ein

---

Ich bestelle:

_______ **Radwanderkarte „100-Schlösser-Route"** ®
1:75 000, Großformat 230x230 mm, Spiralheftung, zeigt 1175 km Haupttrasse und 720 km Verbindungswege — à DM 14,80 DM _______

_______ **Radwanderführer „100-Schlösser-Route"** ®
124 Seiten, Beschreibung der gesamten Route, Schlösser, 90 Farbfotos. Dazu großes Faltblatt. — à DM 7,80 DM _______

Versandkosten DM 2,20

Gesamtbetrag DM _______

_______

_______
Name (bitte in Druckbuchstaben)

_______
Straße

_______
PLZ/Ort

**Zahlung:** ☐ Verrechnungsscheck anbei
☐ Betrag wurde auf Postgirokonto Dortmund, Nr. 545-461, BLZ 440 100 46, überwiesen

**Versand:** nach Zahlungseingang

✂ Ausschneiden und senden an: **Münsterland Touristik, Postfach 12 65, 4430 Steinfurt**

# DRENSTEINFURT

Die Stadt Drensteinfurt mit den Stadtteilen **Rinkerode** und **Walstedde,** rund 12 000 Einwohner, liegt südlich der Universitätsstadt Münster an der „Werse" in ruhiger Lage eingebettet in die münsterländische Parklandschaft.

Ausgedehnte Wegenetze für Fuß-, Rad- und Autowanderer (200 km örtliche Rundwanderwege) sowie die Landschafts- und Naturschutzgebiete „Davert", „Hohe Ward" und „Kurricker Berg" laden zu erholsamen Wanderungen und Pättkestouren ein, vorbei an sehenswürdigen Bauwerken mit geschichtlicher Tradition (Wasserburgen „Haus Steinfurt" und „Haus Borg", Rittergut „Haus Venne", „Haus Bisping"), „Alte Post", „Loreto-Kapelle", „St.-Regina-Kirche", „St.-Pankratius-Kirche" und „St.-Lambertus-Kirche".

Großzügige Sportstätten (Erlbad [23°] mit 2 ha großer Liegewiese, Sportplätze, Reithallen und -plätze, Tennisanlagen) bieten Möglichkeiten für Leistungssport und Freizeitgestaltung.

Gepflegte Hotels und Gaststätten bieten einen angenehmen Aufenthalt.

Auskünfte erteilt: Stadtverwaltung Drensteinfurt,
Postfach 12 60, 4406 Drensteinfurt, Telefon (0 25 08) 891-39

mach mal HALT in **HALTERN AM SEE**

# Urlaub · Erholung · Freizeit

**im Herzen des Naturparks Hohe Mark**

Unser Radwegenetz, die Fahrradstationen,
die Waldgebiete des Naturparks Hohe Mark,
die Heidelandschaften, Seen und Flüsse,
die Sehenswürdigkeiten,
Erholungs- und Freizeiteinrichtungen
und über 100 Gaststätten und Hotels
heißen Sie

**herzlich willkommen.**

Fordern Sie unsere Angebote an:
Anruf genügt!

Verkehrsamt der
Altes Rathaus
4358 Haltern
Tel. 0 23 64 / 100 - 1

STADT HALTERN

E V E R S  W I N K E L

# Erleben Sie unseren Ferien- und Freizeitort

Schöne Stunden im Vitus-Bad, dem hervorragenden Sport- und Freizeitbad im Südost-Münsterland

- **gepflegte Wohngemeinde** im Südost-Münsterland
- **Bauern- und Reiterhöfe, gemütliche Gaststätten** ermöglichen Familien und Kindern erlebnisreiche Ferien
- gut ausgebaute **Rad- und Wanderwege**
- **Freizeiteinrichtungen** für jedermann – Sport- und Freizeitbad, Tennishalle und -plätze, Kinderspielplätze, Fahrradverleih, Planwagenfahrten, Reiten, Kegeln, vorbildliche Sportanlagen, Wildgehege, Teichanlage und Spazierwege, 9-Loch-Golfplatz
- **Sehenswürdigkeiten** – Pfarrkirche St. Magnus, Pfarrkirche St. Agatha und Gut Brückhausen im Ortsteil Alverskirchen

**Auskunft erhalten Sie beim Verkehrsamt der Gemeinde Everswinkel, Tel. 0 25 82/88-209**

**Angebote für Tages-, Wochenend- und Urlaubsgäste!**

- Tagesausflug für große und kleine Gruppen
- Club-Tour als aktives Freizeitwochenende
- Familien-/Seniorenurlaub auf einem Bauernhof
- Ferienkinder in Everswinkel
- Aktiv- oder Kreativurlaub
- Tennis-Fitneß im Vitusdorf
- Pättkestourenurlaub in Everswinkel
- ausgearbeitete Tourenskizzen nach Ihren Wünschen für Ihren nächsten Ausflug mit dem Fahrrad
- 100-Schlösser-Route – Tips für täglich neue Touren

Abseits von den großen Autorouten finden Sie ruhige Rad- und Wanderwege, die ganz zu Recht als „idyllisch“ beschrieben werden. Wege durch Wiesen und Wälder, Wege entlang dem Lauf der Bäche und Flüsse, vorbei an Mühlen und anderen reizvollen Sehenswürdigkeiten.